E. W. G. Kircher

Anweisung in der Buchdruckerkunst so viel davon das Drucken betrifft

E. W. G. Kircher

Anweisung in der Buchdruckerkunst so viel davon das Drucken betrifft

ISBN/EAN: 9783743303799

Hergestellt in Europa, USA, Kanada, Australien, Japan

Cover: Foto ©Andreas Hilbeck / pixelio.de

Manufactured and distributed by brebook publishing software (www.brebook.com)

E. W. G. Kircher

Anweisung in der Buchdruckerkunst so viel davon das Drucken betrifft

Anweisung
in
der Buchdruckerkunst
so viel davon
Das Drucken
betrifft

Zum
Unterricht
für
Drucker und ihre Lehrlinge
herausgegeben
von
E. Wilh. Gottl. Kircher
Buchdrucker in Braunschweig und Goslar.

Mit Kupfern und Holzschnitten.

Braunschweig
in der Schulbuchhandlung. 1793.

Inhalt.

Vorbericht , , , Seite 1

1. Beschreibung einer Presse , , , 9

   Beschreibung einer neuen Buchdruckerpresse, erfunden von Wilh. Haas in Basel , 17

2. Vom Papierfeuchten und Umschlagen , 25

3. Vom Ballenmachen , , , , 38

4. Vom Formatsuchen , , , , 45

5. Vom Formenschließen, so viel davon den Drucker angeht , , , , 50

6. Vom Correctur-abziehen , , , 60

7. Vom

7. Vom Zurichten   69
8. Vom eigentlichen Drucken   95
9. Vom Formwaschen   137
10. Von der Farbe und deren Zubereitung   143
11. Vom Rothdrucken   156

    Zusätze und Berichtigungen   163

    Anhang. Von dem in den Druckereien üblichen Postulat   171

Wenn es überhaupt gut und zweckmäßig ist, in einer Wissenschaft oder Kunst ein Handbuch zu haben, worin die ersten Grundbegriffe und Hauptregeln derselben deutlich, bestimmt und zusammenhängend aufgeführt sind; wenn der Nutzen eines solchen Buchs für Lehrer und Lernende außer allen Zweifel gesetzt ist: so dünkt mich, werde auch die Erscheinung des gegenwärtigen nicht ganz überflüssig seyn. Um so weniger, da es bis jetzt noch gänzlich an hinlänglichen Versuchen dieser Art fehlt. Denn in allen sogenannten Formatbüchern findet man bloß Unterricht für Setzer, in keinem aber für Drucker. Selbst das Leipziger, von Geßner her-

herausgegebene Formatbuch, das einzige, in welchem des Druckens gedacht wird, ist noch nicht hinreichend, eine gründliche Belehrung über diesen Punkt daraus zu schöpfen. Die Verfasser solcher Bücher hielten wol entweder das Drucken für zu leicht, als daß es einer ausführlichern Anweisung bedürfe; oder sie selbst waren keine Drucker, oder hatten sich zu wenig damit beschäftiget, als daß sie alles anzugeben im Stande gewesen wären, was erfordert wird, guten und schönen Druck zu liefern. Auch hat Herr Buchdrucker Täubel, der in seinem, vor einigen Jahren zu Halle herausgegebenen, ortotypographischen Handbuche für Korrektoren zugleich ein Handbuch für Setzer und Drucker ankündigte, wovon man sich viel hätte versprechen können, sein Wort nicht gehalten. *)

Und

*) Dies von Herrn Täubel angekündigte Buch ist seitdem wirklich erschienen. Ich finde aber, daß gegenwärtiger Versuch dadurch nicht überflüssig geworden ist; denn die kurze Zeit, welche Herr Täubel zur Bearbeitung dieses Buchs hatte, und die ihm von seinem Verleger zu gering bestimmte

Und gleichwol ist ein solches Buch höchstes Bedürfniß. Denn das Drucken ist doch bei weitem nicht so leicht, wie es sich ansehen läßt; es gehört mehr dazu, als der bloße Mechanismus der Handgriffe, der freilich von einem auch sehr mittelmäßigen Kopfe bald begriffen und nachgemacht werden kann. Aber damit ist doch erst das Wenigste gethan; das wird mir Jeder ohne weitern Beweis einräumen. Soll nun aber der Drucker nicht bloß mit den Händen, soll er auch mit dem Verstande arbeiten; soll er nicht als Maschine bei der Maschine stehn: so muß er doch wol mehr als bloß dressirt seyn, so muß er eine Anleitung haben, mittelst welcher er zum eignen Nachdenken angeführt und auf die Bahn gebracht wird. Und das kann nicht besser geschehen, als durch ein zweckmäßig eingerichtetes Buch. Denn es ist entschiedene Wahrheit, daß die Lehrlinge sehr oft nur einen äußerst mangelhaften Unterricht von ihren Führern

te Bogenzahl, machten, wie er an verschiedenen Orten seines Werks selbst gesteht, daß er nicht so deutlich und ausführlich werden konnte, als er es wünschte.

rern erhalten, weil es diesen Führern selbst theils an Lust und Geduld, theils an Fähigkeit und Geschick fehlt, ihre Lehrlinge deutlich und gründlich genug anzuweisen, oder auch, weil sie sich begnügen lassen, diese so weit gebracht zu haben, daß sie die nöthigsten Handreichungen von ihnen erhalten können, und sich dann nicht weiter um sie bekümmern. Alle diese nun, und unter ihnen vielleicht so manche gute Köpfe, die bei ihrem sonst guten Verstande, bei ihrer Lernbegierde, und bei dem Triebe, weiter zu kommen, gewiß, unter einer bessern Anführung, einst ihrer Kunst Ehre machen würden, haben das traurige Schicksal, daß sie bei allem Eifer, gute Arbeit zu liefern, dennoch Stümper bleiben, weil es ihnen an hinlänglichen Vorkenntnissen fehlt; sie werden bei dem, was sie versehen, nur selten auf den wahren Grund kommen, also meistentheils da etwas verbessern wollen, wo nichts zu bessern ist, und dadurch die Sache eher schlimmer als gut machen. Davor könnte sie nun ein solches Buch verwahren, das ihnen eine möglichst richtige und deutliche Beschreibung alles dessen, was ein Drukker zu wissen nöthig hat, und die Gründe, warum er so und nicht anders verfahren müsse, angibt.

gibt. Dabei würden sie um so weniger Automaten bleiben; dabei würde ihnen um so leichter auf die Bahn des Selbstdenkens und des Weiterdenkens geholfen werden können, welches allein den vernünftigen Menschen in jedem Stande überhaupt, und insbesondere den Künstler auszuzeichnen vermag. Aus diesem Buche also könnte der vernachlässigte Lehrling seinen Unterricht ergänzen, und selbst dem bessergeführten würde es nicht weniger nützlich seyn, theils zur Nachweisung und Erläuterung, theils zur Wiederholung und Rückerinnerung dessen, was man ihn lehrte.

Aber auch dem Führer des Lehrlings mögte es dienen, nicht nur, sich seine Mühe zu erleichtern und früher und besser zum Zweck zu kommen; sondern auch seinen Unterricht faßlicher zu machen, seine Vorschriften bestimmter auszudrücken, die gehörige Ordnung zu befolgen, und sich in seinen Anweisungen immer gleich zu bleiben, damit er seinen Lehrling nicht verwirre. Daburch würde er sich viel Verdruß ersparen, Liebe und Lust bei seinem Untergebenen unterhalten — die die Seele der Arbeit ist — und sich um so viel mehr auf ihn verlassen können.

Endlich würde auch wol für manchen Principal einer Druckerei gegenwärtiger Versuch nicht ganz ohne Nutzen seyn; denn gewöhnlich ist dieser bloß Setzer, und hat vom Drucken wenig Kenntniß und Erfahrung. Er muß also sein ganzes Vertrauen auf seine Drucker setzen, muß — zufrieden seyn, wie sie es machen, und glauben, was sie sagen, weil er es nicht selbst beurtheilen kann. Will er Fehler rügen, so wird man ihm mit allerlei Ausreden zuvorkommen; der Drukker wird nie etwas versehen haben wollen, sondern die Schuld wird bald an der Presse, bald an einzelnen Theilen derselben, am Deckel, Rähmchen, Fundament, Tiegel, Schloß u. dergl. liegen. Das muß denn der Herr glauben, er läßt das angeblich Fehlerhafte verbessern, und — am Ende hilft's doch nicht. Er wünschte also wol, eine Anleitung zu haben, um jene Ausreden zu prüfen, und zu wissen, was man vom Drucker zu fordern berechtigt sey, und was er leisten könne und müsse.

Ich glaube daher nicht, daß ich verlorne Mühe gehabt habe, wenn ich niederschrieb, was ich vom Drucken verstehe, und was mich Erfahrung

rung und Beobachtung davon gelehrt haben. Zwar bin ich nicht so sehr von mir selbst eingenommen, daß ich mich überreden sollte, etwas ganz Vollkommnes und durchaus Unverbesserliches geliefert zu haben. Indeß wollte ich doch die Bahn brechen, und alles, so genau als mir es möglich war, angeben. Vielleicht findet sich einmal ein Anderer, der die Feder besser führen kann, und mehr Muße hat als ich, um das Ganze geschickter zu bearbeiten. Ich werde also gegründeten Tadel und nöthige Verbesserung von kunstverständigen Männern gern aufnehmen und nutzen, weil ich nicht um Ruhm schrieb, sondern um gemeinnützig zu werden. Um so mehr aber glaube ich billige Beurtheilung erwarten zu dürfen.

Uebrigens habe ich die Arbeiten nach der Ordnung abgehandelt, wie sie der Drucker verrichtet; vorher aber die Presse selbst nach ihren einzelnen Theilen beschrieben, weil ich glaubte, daß man erst die Maschine kennen müsse, an der man arbeiten will, bevor man dieselbe gebrauchen könne. Dieser Beschreibung habe ich noch eine zweite von einer neuen Presse beigefügt, die von Herrn Haas dem Vater in Basel erfunden ist, und welche es wol verdient allgemeiner bekannt zu werden.

Mögte denn meine Bemühung den gehofften Nutzen haben! — Sollten es auch nur Wenige seyn, die ihn daraus ziehen wollten, ich würde mich doch hinlänglich belohnt halten.

Braunschweig den 21ſten Mai 1791.

E. W. G. Kircher.

I.

Beſchreibung einer Preſſe.

Eine Preſſe iſt diejenige Maſchine, vermittelſt welcher der Drucker die Abdrücke macht, oder womit derſelbe dasjenige, was der Gelehrte ſchrieb und der Setzer ſetzte, vervielfältigt. Sie beſteht aus verſchiedenen Theilen, die theils aus gutem trockenen Eichenholze, theils aus Metall verfertigt, und ſo zuſammengefügt ſind, wie die Abbildung davon (Tab. I.) zeiget.

Man ſieht an derſelben zwei einander völlig gleiche Wände A, die unten in zwei Füße B eingezapft ſind; an der hintern Seite jeder Wand iſt

ist ein Gestell C, auf welchem der Farbestein D steht. Diese beiden Wände werden durch zwei Balken, Ober- E und Unterbalken F, und eine Krone G zusammengehalten. In der Mitte des Oberbalkens ist ein eckiges Loch, in welches die messingene Mutter H eingelassen, und mit zwei auch vier durch den Balken gehende Schrauben a, b festgeschroben ist; in der Mutter ist die eiserne Spindel I, in der der eiserne Bengel K, vorn mit einer hölzernen Scheibe c und einem bleiernen Knopfe d versehen, hinten aber mit einer Schraube e festgeschroben, steckt; unten in der Spindel steckt in einem viereckigten Loche der stählerne Zapfen f, dessen Spitze in dem in der Mitte des messingenen Tiegels L eingelassenen stählernen Pfännchen g steht. An dem Halse der Spindel ist ein vertiefter Ring, in welchen das aus zwei Hälften bestehende eiserne Schloß M schließt, das an beiden Seiten zusammengeschroben ist, und durch dessen vier Flügel h und durch die hölzerne aus zwei Theilen bestehende, in die Wände der Presse eingelassene Brücke N, vier viereckige eiserne Stangen i gehn, welche oben mit Schrauben k, und unten mit Haken l versehen sind, an wel-

welche letztere der Tiegel mit seinen Haken m mit starken Schnüren angebunden ist. Statt des eisernen Schlosses hat man an ältern Pressen auch hölzerne viereckige Büchsen (s. Tab. II.), welche aus zwei Hälften bestehn, deren jede halbmondförmig ausgehöhlt ist, damit sie mit der andern um den Hals der Spindel passe, in deren vertieften Ring beide Hälften, entweder oben oder in der Mitte, mit einem Schlosse schließen, und oben und unten mit eisernen Bändern zusammengehalten werden. Auf dem untern Balken liegt das Laufbrett O, oder die Balken, auf denen die eisernen Schienen n liegen; es ist hinten und vorn in einen Querbalken befestigt, davon der hintere o in das Gestell der Wände eingezapft ist, der vordere p aber auf einer Stütze q ruht. Unter dem Laufbrette ist die eiserne Kurbel P (s. Tab. II.), die in der Mitte mit einer hölzernen Walze r, (auf der die Riemen oder Gurte zur Fortbewegung des Karrns mit einem, und mit dem andern Ende an den Karrn selbst genagelt sind) und vorn mit einer hölzernen Scheibe s versehen ist, in eisernen Hülsen t liegend, befestigt. Auf dem Laufbrette steht der Karrn Q, auf welchem unten eiserne Klam-

Klammern (f. Tab. II.) genagelt oder geschroben sind, vermittelst denen er auf den Schienen läuft; in dem Kasten des Karrns befindet sich das messingene Fundament, auf dem die Form liegt (Tab. II.); seitwärts ist an dem Kasten des Karrns der Deckel *) (Tab. II.), welcher aufgeschla-

*) Der Deckel ist aus drei Leisten von trockenem und nicht gar schwerem Holze nach der Form Tab. II. zusammengefügt; statt der vierten Leiste ist ein Eisen, eines guten Messerrückens dick und etwas schmaler als die hölzernen Leisten, mit zwei Schrauben, deren Flügel zugleich auch die Scharniere, in denen das Rähmchen geht, halten, auf den beiden Seitenleisten befestigt. Er wird entweder mit Pergament oder, welches jetzt gebräuchlicher und auch in vielem Betracht besser ist, mit dichtem, schlichtem, ungebleichtem Linnen überzogen. Man nimmt zu dem Ende ein Stück Linnen so groß, daß es über die Deckelrahm reicht und um dieselbe herumgeschlagen werden kann; heftet es trocken an die äußern Seiten der Leisten mit kleinen Nägeln verlohren an, bestreicht darauf das Eisen, welches man vorher auf die Seitenleisten des Deckels festgeschroben hat, mit gutem Kleister, darunter etwas Tischlerleim gemischt ist, schneidet
mit

schlagen auf dem Deckelstuhl (Galgen) R ruht, so wie oben an diesem das Rähmchen

mit der Scheere an beiden Seiten dicht innerhalb der Seitenleisten bis quer über das Eisen in das Linnen ein, zieht das nun der Länge des Eisens gleichgewordne Ende bis dahin, wo sich der Schnitt endigt, unter dem Eisen durch und schlägt es, so weit es hier über das Eisen ragt, über dasselbe, so, daß das Eisen mit dem Linnen überzogen ist, und neht es mit Schusterdraht dicht an dem Eisen zusammen. Dann zieht man die in die untere Leiste verlohren eingeschlagenen Nägel wieder heraus, bestreicht die Leiste, wie vorher das Eisen, dick mit Kleister, zieht mit einer Lederzange das Linnen fest über dieselbe und nagelt es da, wo man es anzieht, erst an der äußern Seite der Leiste jedesmal fest, und ist man damit fertig, auch an der inwendigen Seite. Auf eben die Weise überzieht man auch die Seitenleisten mit dem Linnen; und damit an den Ecken keine Beutel entstehn: so schneidet man da mit der Scheere so weit in das Linnen, als es nöthig ist, um es übereinanderschlagen zu können. Je steifer der Deckel überzogen ist, desto besser ist es; Falzen darf er ja nicht haben. Aus eben der Ursache ist auch das Linnen zum Ueberzuge des Deckels besser als Per-
gas

chen *) mit Scharnieren befestigt. In der Mitte des Deckels werden die Punkturen und unten die Schnal-

gament; denn durch das öftere Anfeuchten der Einlage des Deckels zieht derselbe Feuchtigkeiten an, und das Pergament wird schlaff und runzlicht, sobald es feucht wird, Linnen aber wird durch die Feuchtigkeit straffer; deswegen muß es auch trocken überzogen werden. Nach dem Ueberziehen legt man den Deckel zwischen zwei gleiche Bretter und beschwert das obere mit mäßigem Gewicht, damit er sich beim Trocknen des Kleisters nicht schief ziehe.

*) Ein Rähmchen besteht aus vier dünnen eisernen Stäben (s. Tab. II.), die entweder zusammengenietet oder zusammengeschweißt sind. Letzteres ist besser als ersteres, weil das Rähmchen dadurch überall gleiche Dicke erhält; dahingegen durch das Zusammennieten der Stäbe Ungleichheiten entstehen, durch welche verhindert wird, daß das Rähmchen entweder nicht genau auf den Deckel schließt, oder daß der Deckel nicht gerade auf die Form fällt, wodurch denn bei dem Drucken das Schmizzen oder, wie man es noch nennt, Doppliren entsteht. Außerdem daß mit dem Rähmchen das Papier im Deckel festgehalten wird, damit es, wenn der

Schnalle mit durch die Deckelleisten gehende Schrauben gehalten. An der Seite der linken Preßwand

der Deckel zugelegt wird, nicht herausfalle, dient es auch noch dazu, diejenigen Stellen des Papiers, die nicht bedruckt werden, vor dem Schmutz zu verwahren; und zu diesem Ende muß es überzogen werden. Man nimmt zu diesem Ueberziehen vier Bogen großes, steifes Schreibpapier, bedruckt, beschrieben oder noch rein, wie man es hat; falzt sie der Breite nach in der Mitte, bekleistert die eine Hälfte jedes Bogens mit gutem Kleister und streicht die andere Hälfte darauf fest. Die so zusammengekleisterten Bogen falzt man abermals in der Mitte, bestreicht sie innerhalb des durch das Falzen entstandenen Bruches wieder mit Kleister und überzieht dann alle vier Seiten des Rähmchens damit, indem man auf den Rücken jedes Stäbchens einen Bogen hängt und ihn über dasselbe mit flachen Händen an beiden Seiten zusammenstreicht. Zum Ueberfluß und damit der Ueberzug recht dicht und gleich werde, legt man das Rähmchen auch wol nach vollendetem Ueberziehen auf ein gerades Brett und über dasselbe einen trocknen Bogen Schreibpapier, und streicht auf diesen mit flachen Händen alles noch einmal über. Damit es allmählig trockne und sich nicht krumm ziehe,

hinwand ist der Ballenknecht S, und unten an dem Fuße derselben der Antritt T befindlich.

Man hat sich seit einigen Jahren verschiedentlich bemüht, sowol ganz neue Pressen zu erfinden, an denen sich leichter und besser arbeiten lasse, als auch einzelne Theile derselben aus eben dieser Absicht zu verbessern. Diese Bemühungen sind auch nicht ohne guten Erfolg gewesen, und man zeigt jetzt mehrere Pressen, die die hier beschriebene in einzelnen Theilen übertreffen. Ich sage in einzelnen Theilen, denn nicht Alle, welche uns mit neuen Pressen beschenkten, beabsichtigten bei ihren Erfindungen Leichtigkeit, Dauer und Kraft zugleich. Herr Haas der Vater in Basel allein ist so glücklich gewesen eine Maschine herzustellen, bei der dies alles vereinigt zu seyn scheint, und die aus dieser Ursache wol verdient bekannter zu werden. Ich rücke zu dem Ende die Beschreibung, die

die-

bindet man an die Gewinde Bindfaden und hängt es damit irgendwo frei hin. Das weitere Verfahren damit wird man aus dem Abschnitte vom Zurichten ersehen.

zur Seite 16.

Ahle 4½ Zoll vorne Mater

Spindel von Eisen

Büchse von zween zusern

Tiegel von Messing

Tmalle

dieser berühmte und für die Buchdrucker-kunst so sehr berühmte Mann davon selbst herausgegeben hat, nebst ihrer Abbildung hier ein. Kenner werden ihr gewiß den Vorzug vor allen Tret- und andern Pressen, zugestehen und den Nutzen, der aus ihrer Einrichtung erwächst, nicht verkennen.

Beschreibung
einer
neuen Buchdrucker-presse
erfunden
von
Wilhelm Haas dem Vater
in Basel.

Kupferplatte I.

Diese Platte zeigt in perspectivischer Ansicht den ganzen Bau der Presse. Ihre wesentlichsten Theile bestehen aus einem, von Eisen gegossenen, auf einen festen Steinkloz geschrobenen, Bogen; in diesem Bogen bewegt sich in einer metallenen wohlbefestigten Schraubenmutter die Spindel, auf welcher statt des einfachen Bengels ein Balancier im Gleichgewichte steckt, an dessen beiden Enden Schwunggewichte angebracht sind, durch welche die Bewegung erleichtert, und besonders die Wirkungskraft merklich vergößert wird. Die übrigen Theile dieser Presse sind von jenen nach
der

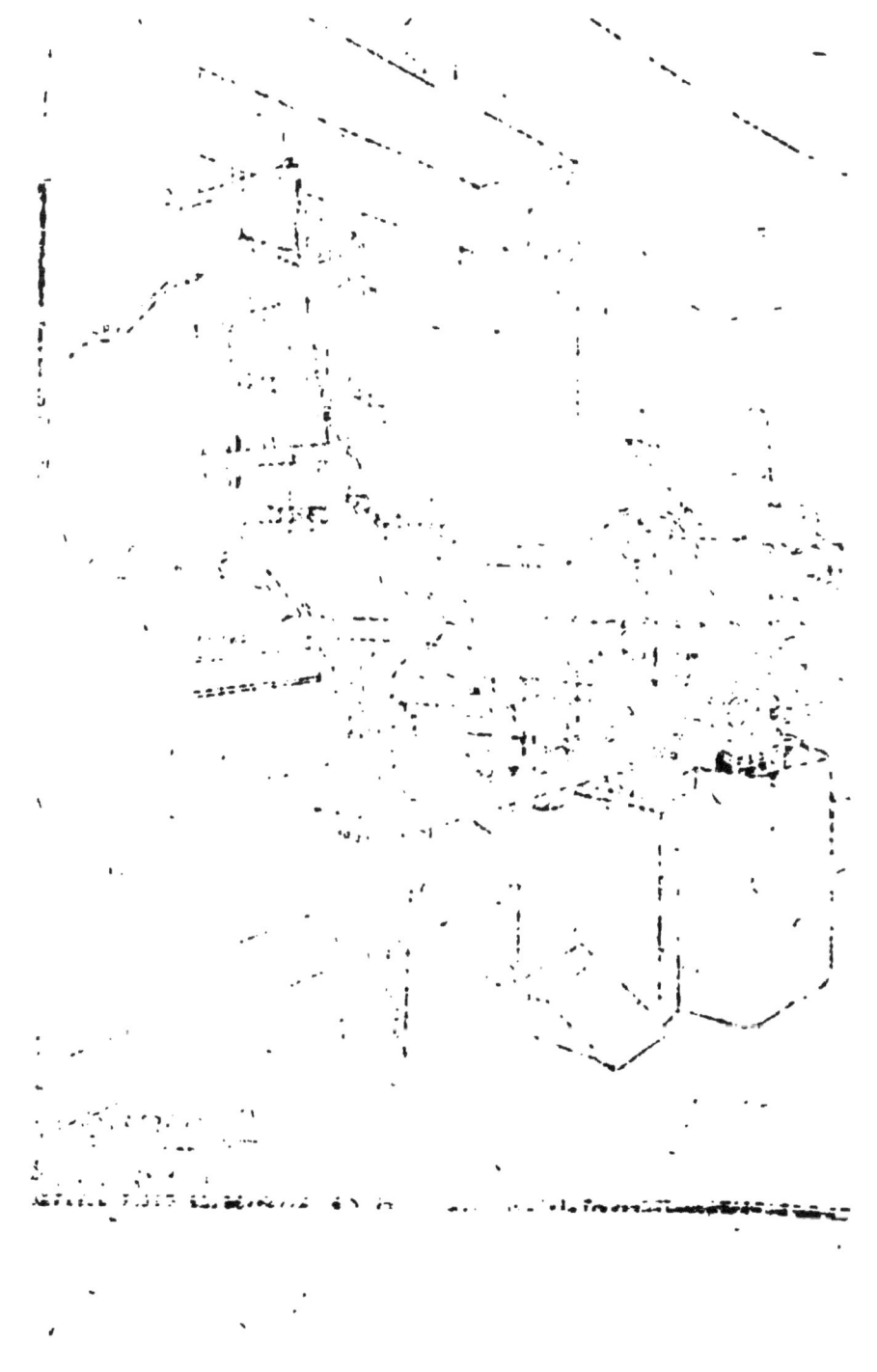

der alten Bauart weniger verschieden, und werden in ihrer Zergliederung in folgenden Platten anschaulicher.

Platte II.

Fig. I. und II. Aufzug und Grundriß.

Der eiserne Preßbogen A, dessen Theile in der dritten Kupferplatte auseinandergesetzt werden.

Der steinerne Fuß B, in welchem 1. 2. 3. 4. den ganzen Stein durchgehende Löcher sind, wodurch die Schrauben kommen, welche den Preßbogen befestigen.

Der Rost C ist von festem Holz zusammengefüget, in welchen statt der gewöhnlichen flachen Schienen, drei halbrund ausgekehlte eiserne Rinnen H eingelassen sind.

Der Farbekasten D hat, um die Farbe rein zu erhalten und vor Staub zu bewahren, einen Deckel, wie auf der ersten Platte zu sehen. In eben diesen Kasten ist eine kupferne auf drei Seiten aufgebogene Platte geschoben, die von Zeit zu Zeit herausgenommen und gereinigt werden kann.

Der Balancier E mit seinen Schwunggewichten F ist zu beiden Seiten verkröpft, von vorn, um die Scheibe in gehörige Armhöhe zu bringen, und von hinten, damit das Schwunggewicht unter dem Farbekasten durchgehen kann.

Der Karrn G ist von dem gewöhnlichen nur darin unterschieden, daß er statt der Haken unten drei kupferne Prismaten hat, deren scharfe Ecken in den drei halbrund ausgehöhlten eisernen Rinnen H laufen; wie in der dritten Platte deutlicher zu sehen ist.

Statt des gewöhnlichen Gewindes oder Scharniers des Deckels, bewegt sich solcher zwischen zwei stählernen Spitzen t. t. (Kupferpl. III.) in kupfernen Pfannen, wodurch dessen Bewegung merklich erleichtert, und eine beständig gleiche Richtung erhalten wird.

Die Bewegung des Karrns geschieht wie gewöhnlich, vermittelst der Korbel I, jedoch mit zwei doppelten Walzen und vier Riemen, welche an beiden Enden des Karrns durch kleine Stell-

räder

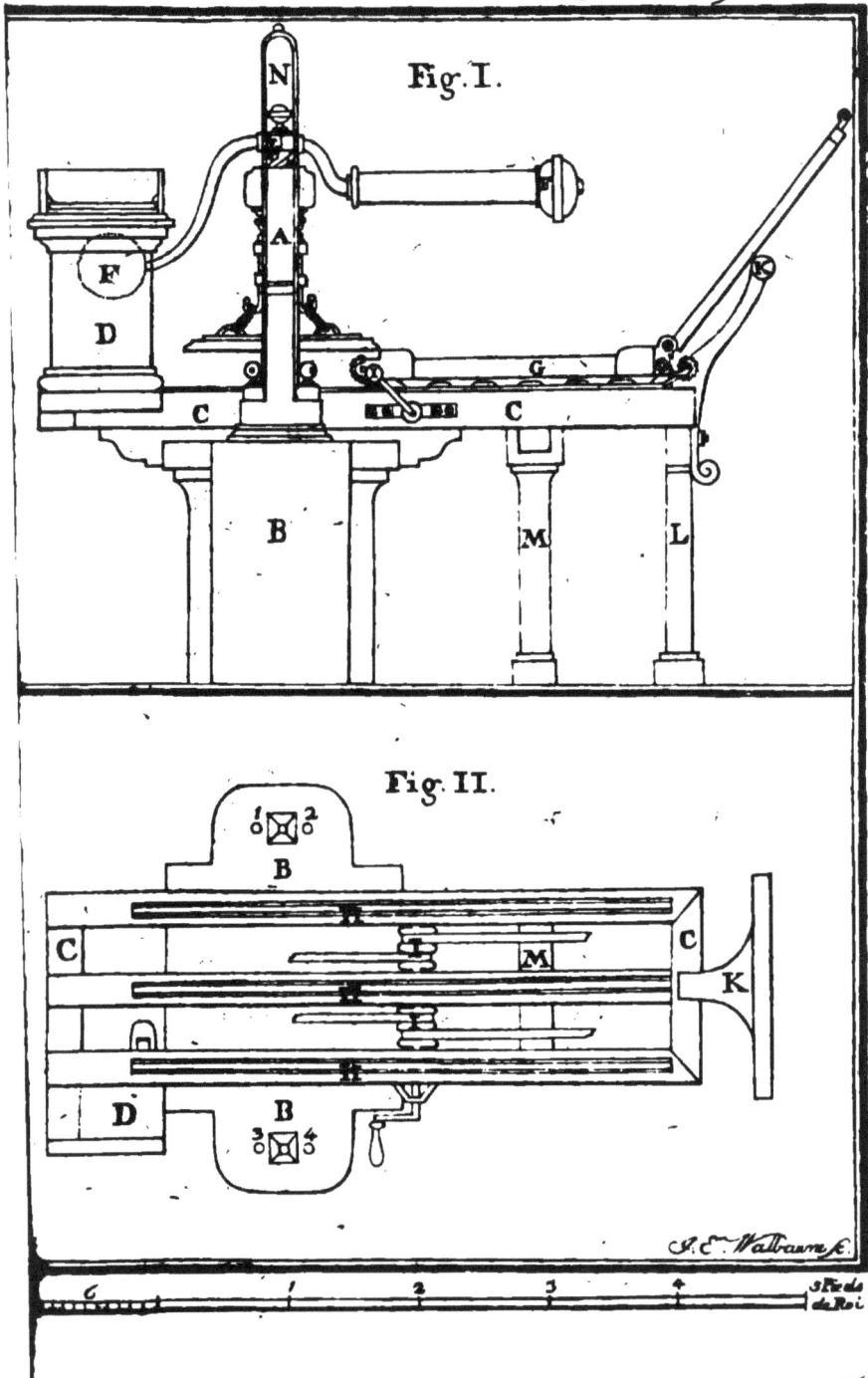

räder können angezogen und in gehöriger Richtung gespannt werden.

Die sonst mit dem Karrn bewegliche Anlage K des Deckels ist an dem Ende des Rostes und dessen vordersten Ruheständer L eingeschoben und festgeschroben, um solche nach Willkühr des Druckers höher oder niedriger zu richten. Sie kann auch (wie auf der Pl. I. angezeigt ist) durch ein Scharnier bewegt werden; eine Einrichtung, welche besonders bei jenen Pressen nöthig wird, an welchen man zu außerordentlichen Formaten einen größern Karrn anbringen will.

M ein Mittelständer unter dem Rost, damit solcher beim Auftragen nicht erschüttert werden könne.

Der Ballenknecht N ist von rundem Eisen, und vorn an dem Preßbogen befestigt.

Platte III.

A Der Preßbogen, von vorn anzusehen. In dessen Kopfe a ist eine sechseckige Oeffnung, die unten etwas weiter als oben, und worin die metallene Spindelmutter b befestigt ist.

Die Spindel c ist oben sechseckigt abgesetzt, um den Balancier E nach Willkühr darauf verstecken zu können, welcher dann durch einen darüber geschrobenen metallenen Knopf d befestigt wird. Unten steckt die Spindel in einem metallenen Schießbolzen e; welche zu dem Ende bei f verdünnt ist; und wenn die eiserne Zwinge g vermittelst zwei versenkter Schrauben an der Spindel befestigt ist, so wird solche mit dem Schießbolzen verbunden. Ihre ganze Wirkung drückt auf eine stählerne Spitze h, welche unten in der Spindel eingelassen ist, und sich in dem gleichfalls stählernen Pfännlein i bewegt. Unter diesem steckt in einer viereckigen Oeffnung des Schießbolzens der Zapfen k, welcher unbeweglich auf den Tiegel drückt.

Zu beiden Seiten des Schießbolzens werden metallene Platten l mit vier durchgehenden Schrauben i befestigt; an jede dieser Platten kommen zwei Haken n, an welche der

Tie-

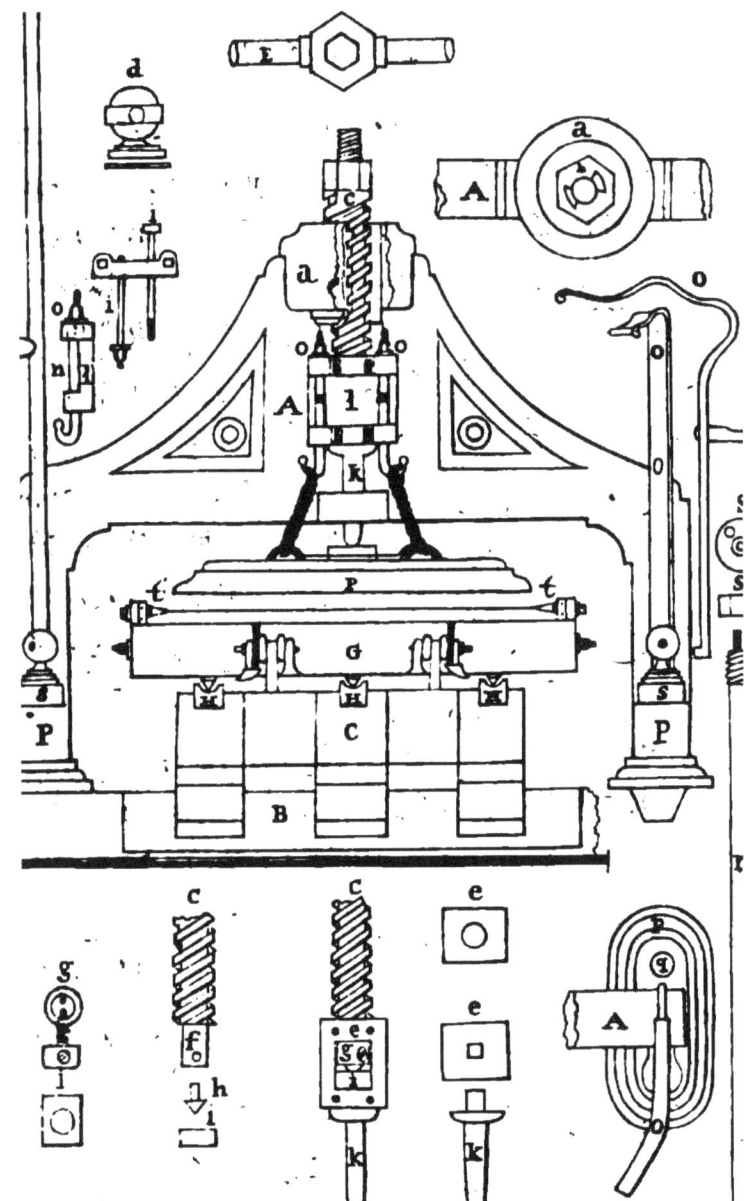

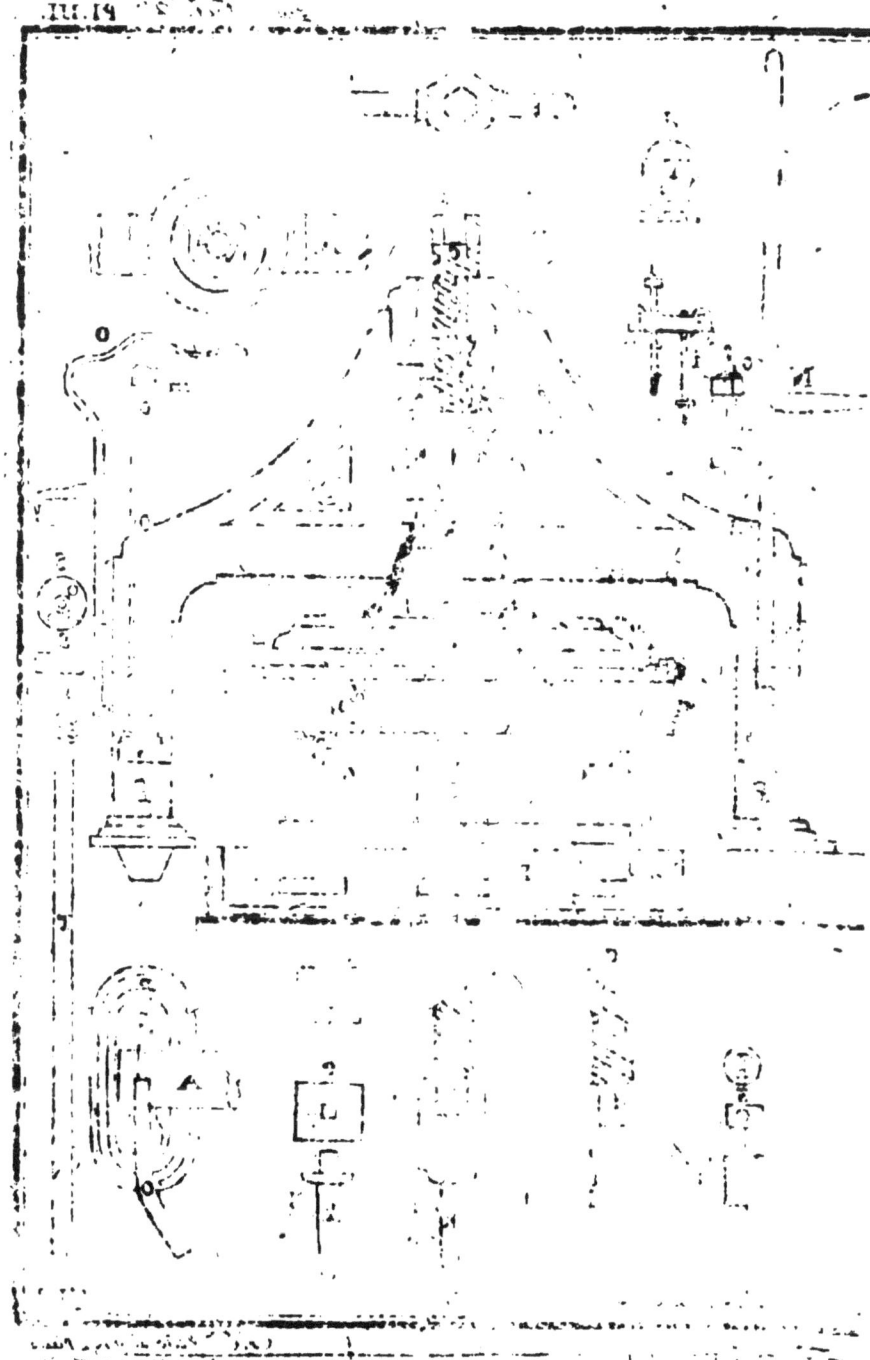

Tiegel festgebunden wird. Diese Haken werden durch Schraubenmütter o getragen, welche zugleich dienen, dem Tiegel stets die so nothwendige wagerechte und mit dem Fundament gleichlaufende Richtung zu geben.

Der eine Fuß der Presse P, von oben anzusehen, durch deren Löcher q die durch den steinernen Fuß gehenden Schrauben r kommen, welche mit den Müttern s das Ganze fest zusammen verbinden.

Ueber demselben steht vorn der Ballenknecht N, welcher so, wie die Bengelschnalle O, durch metallene Knöpfe festgehalten wird. Diese Knöpfe dienen zugleich als Uebermuttern, damit sich die untern nicht loslassen können.

Der Tiegel P ist so groß, als das Fundament, wodurch das größte Format auf einen Zug gedruckt wird. —

Herr Haas erbietet sich, denjenigen, welchen diese Beschreibung nicht deutlich genug seyn sollte, nähere Auskunft zu geben, wenn man sich deshalb

halb an ihn wendet. Auch will er es gerne über sich nehmen, dergleichen Pressen für diejenigen, die es wünschen, unter seinen Augen verfertigen zu lassen, und verbürgt in diesem Falle eine gute und dauerhafte Einrichtung des Ganzen um so mehr, weil seine Arbeiter die richtigen Verhältnisse aller Theile dieser Maschine vollkommen kennen, und schon mehrere derselben verfertigt haben.

2.

Vom Papierfeuchten und Umschlagen.

Weil trocknes Druck- nach weniger aber trocknes Schreibpapier, wegen seiner Härte und Glätte, sich nicht auf die Buchstaben eindrücken und die aufgetragene Farbe von denselben rein abziehen kann: so muß es wenigstens vier oder fünf Tage vor dem Gebrauch gefeuchtet, dann umschlagen und dadurch zum Drucken so vorbereitet werden, daß es weder naß, noch trocken, sondern durchaus und gleich feucht wird.

Es ist dies die erste Arbeit, die ein Drucker zum Drucken unternimmt; und, wegen der Sorgfalt, mit welcher sie geschehen muß, gewiß eine der vornehmsten. Denn von ihr hängt es hauptsächlich mit ab, ob der Druck gut oder schlecht gerathen soll, und man kann es ziemlich genau bestimmen, ob ein Drucker gut oder schlecht drucken wird, wenn man vorher sein gefeuchtetes Papier untersucht.

Am besten aber kann man sich von der Wichtigkeit, für das zu druckende Papier gehörige Sorge zu tragen, überzeugen, wenn man einen trocknen Bogen Papier nimmt, ihn an einigen Stellen naß, an andern feucht macht, an andern aber trocken läßt und ihn bedruckt. Auf den trocknen Stellen dieses Bogens wird man dann finden, daß die Buchstaben spricklicht, oder, wenn sie wegen zu viel aufgetragener Farbe schwarz aussehen, daß sie am Rande dick mit Farbe umgeben sind, die sich an daraufgelegtem Papier, besonders wenn es Schreibpapier ist, abschmiert und auch den Buchstaben eine unförmliche Gestalt gibt. Auf den nassen Stellen wird man entweder gar keine Farbe erkennen können, oder der Druck ist, wenn sie weniger naß sind, fletschig, d. i. das Papier hat sich beim Druck in und um die Buchstaben gelegt und den Rand derselben mit abgezogen, wodurch sie dann ein noch einmal so dickes und sehr putziges Ansehen erhalten. Auf den bloß feuchten Stellen nur allein wird, zumal wenn nicht zu viel Farbe aufgetragen und gut gezogen worden ist, jeder Buchstabe in seiner ursprünglichen Gestalt, rein und mit gehöriger Schwärze stehn.

Gleich=

Gleichwol gibt es sehr viele Drucker, die es nicht der Mühe werth achten, sich viele Sorge um dies Geschäft zu machen; sie glauben, daß es genug gethan sey, wenn das Papier nur gefeuchtet und umschlagen ist, wie dies geschehen, darum bekümmern sie sich nicht. Sie halten es für so gering, daß sie es, um die Feierstunden, in welchen sie solches zu verrichten haben, ganz für sich zu gewinnen, kaum in die Lehre gekommenen Burschen übertragen, und es darauf ankommen lassen, was diese mit dem Papiere anfangen wollen. Daher kommt es denn auch, daß diese Drucker nie guten Druck zu liefern im Stande sind, und wenn sie sich beim Drucken selbst auch noch so viel Mühe geben; denn während des Drucks können sie weder nasse Stellen des Papiers trockner, noch trockne feucht machen, und alle andere Bemühungen sind umsonst; der Druck wird so verschieden bleiben, als verschieden die nassen, feuchten und trocknen Stellen des Papiers sind.

Sie haben die falsche Meinung, daß sich das Papier, wenn es gefeuchtet und einmal umschlagen

gen ist, wol ohne ihr weiteres Zuthun von selbst unterstehen müsse oder könne; und bedenken nicht, daß es leblos und ohne Willen ist, also auch weder Trotz noch Eigensinn äußern, und es von ihm nicht abhängen kann, feucht zu werden oder nicht *).

Es

*) Es war mir oft sehr lächerlich, wenn einem Drukker seine Nachlässigkeit bei der Vorbereitung des Papiers zum Druck verwiesen wurde, und dieser dann, wenn er keine Ausrede mehr zu finden wußte, sagte: „ich habe es gefeuchtet und „umschlagen, aber es hat sich nicht unterstehen „wollen;" gleichsam als wenn das Papier den Willen hätte, zu thun und zu lassen, was ihm beliebte. Uebel wäre dies für faule Drucker wol nicht; sie könnten sich dann, wenn sie manchmal zu rechter Zeit zu feuchten vergessen hätten, auch damit entschuldigen, es hat sich nicht feuchten wollen! — Schade nur, daß noch kein solches Papier gemacht wird, und daß man diesen Druckern noch nicht den Gefallen erweisen kann, sie für bloße sich nur bewegende Maschinen zu halten; bis jetzt glaubt man, ihrer noch, als vernünftige Geschöpfe, nöthig zu haben und erwartet von ihnen als solchen, daß sie die Geschicklichkeit

be=

Es ist zwar nicht zu leugnen, daß das Papier mancherlei Naturen hat; denn manches ist harsch und manches weich, manches dick und manches dünn, manches ist viel und manches wenig geleimt, und es saugt deswegen beim Feuchten auch nicht gleich viel Wasser ein; allein eben dies ist es, was den Drucker vermögen muß, Fleiß und Aufmerksamkeit auf dieses Geschäft zu verwenden. Er muß sein Gefühl so üben, daß er beim ersten Angriff sogleich weiß, wie er mit dem Papier verfahren soll; ist es dick, harsch, oder stark geleimt: so kann es viel, ist es weich, dünne, oder wenig geleimt, nicht viel Wasser vertragen; im erstern Fall muß es langsam, im letztern geschwind, entweder Buchweise oder ein Buch ums andere; 12, 8 oder 6 Bogenweis durchs Wasser gezogen werden. So verschieden das Papier ist, so verschieden muß es gefeuchtet werden. Eine immer zu befolgende Vorschrift läßt sich dazu nicht geben. Inzwischen scheint es mir doch nothwendig für Lehrlinge hier eine Art, das Papier zu feuchten und zu umschlagen, anzugeben,

die

besitzen, willenlose Dinge, handhaben zu können, wie sie wollen.

die ich immer gut befunden habe, und eben deswegen trage ich kein Bedenken, sie als die beste zu empfehlen. Sie erfordert freilich mehr Arbeit als manche Drucker zu thun Lust haben; ich bin aber gewiß, daß sich auch manche gern derselben unterziehen werden, wenn sie den Nutzen davon einsehen und wenn sie wahrnehmen, um wie viel sie sich dadurch das Drucken selbst erleichtern und zu welcher Zufriedenheit ihres Principals sie dann arbeiten können.

Es ist diese:

Nachdem das zum Druck bestimmte Papier, Buchweise abgezählt und verschränkt gelegt ist: so setzt es der Drucker auf die 2 Fuß breite und 7 Fuß lange Feuchtebank zur linken, zur rechten Hand ein mit Maculatur belegtes Feuchtebrett, das 1 Fuß 7 Zoll breit, 1 Fuß 11 Zoll lang, und unten mit zwei, 2 Zoll hohen und 1 Zoll dicken, Leisten versehen ist; zwischen das Papier und das Feuchtebrett aber eine $1\frac{1}{2}$ bis 2 Eimer haltende, mehr weite als lange, Wanne oder Mulde. Wenn diese mit Wasser gefüllt worden ist, so

nimmt

nimmt der Drucker zwei 1 Zoll breite und eines Bogen Länge habende, glatt gehobelte Feuchtespäne in die rechte Hand; zieht mit der linken ein Buch von dem zu feuchtenden Haufen *) Papier etwas über Handebreit nach der rechten Hand zu, ab; faßt das vordere Ende des übergezogenen Buchs zwischen die Feuchtespäne und ergreift das hintere, während des Vorziehens der rechten, mit der linken Hand; zieht es geschwind durchs Wasser und legt es dann auf das zur Rechten stehende Feuchtebrett. Auf dies nasse wird ein trocknes Buch, um einen Daumen breit, einwärts gelegt und in der Mitte mit einer Handvoll, oder wenn das Papier dick und harsch ist, mit noch mehrerem Wasser besprengt; dann wird wieder ein Buch durchs Wasser gezogen und wieder ein trocknes drauf gelegt und in der Mitte mit Wasser besprengt und so fortgefahren, bis das zum Feuchten bestimmte Papier alles auf diese Art durch die Hände gegangen ist. Das letzte Buch wird dann ganz mit Wasser besprengt, der Haufen Papier mit

---

*) Ein Haufen ist so viel Papier, als auf einen Bogen gedruckt werden soll.

mit Maculatur und einem Feuchtebrett zugedeckt, beiseite gesetzt *) und nach Verlauf einiger Stunden mit einem schweren Steine oder sonstigem Gewichte beschwert.

Des andern Tages wird dies Papier umschlagen. Der Drucker nimmt, wenn dies geschehen soll, den Stein ab, setzt sich den gefeuchteten Haufen irgendwo an einen bequemen Ort und das obenauf liegende Feuchtebrett zur rechten Hand; legt das Maculatur vom Haufen auf das abgenommene Brett, rückt das oberste Buch etwas von seiner Stelle, streicht auswärts mit flachen, und nach den Daumen zu etwas höher gehaltenen, Händen die oben auf dem Buche, durch die Nässe, entstandenen Runzeln, aus einander;
theilt

---

*) Im Sommer muß das gefeuchtete Papier an einen kühlen, der Sonnenhitze nicht ausgesetzten Ort gesetzt werden, weil es sonst anläuft und stockig wird; und im Winter verwahret man es vor dem Frieren in der Druckerei oder einer andern geheizten Stube; man kann die Haufen aber auch nur mit Matten und Packtuch behängen.

theilt dann das Buch an der linken untern Ecke, nach dem Gefühl, in zwei gleiche Hälften; umschlägt die obere von der linken nach der rechten Hand und streicht nun wieder die Runzeln auseinander; legt alle ungleich liegenden Bogen ganz gleich auf einander, (weil dies sonst beim Drucken zu viel Zeit wegnimmt) und dann diese Hälfte des Buchs so auf das leere Feuchtebrett, daß die in der Mitte des Buchs gewesene Seite oben zu liegen kömmt. Mit der zweiten Hälfte wird dann eben so, wie mit der ersten verfahren; nur wird sie bei dem Hinlegen auf die erste um einen Daumenbreit weiter zurück und so gelegt, daß die nassen Stellen dieser auf die trocknen der ersten Hälfte kommen.. Finden sich aber auf der ersten Hälfte des Buchs trockne Stellen, welche mit nassen der zweiten nicht belegt werden können: so müssen sie mit Wasser, welches man sich in einem Napfe oder sonstigem Gefäß nebst einem Schwamme zur Seite setzt, besprengt und den andern gleich naß gemacht werden. Wenn 10 Buch auf diese Art umschlagen sind, so wird jedesmal ein Zeichen gemacht; und weil es leicht geschehen kann, daß sich der Abzähler irrt und in ein Rieß zuweilen

len ein Buch zu viel oder zu wenig zählt, so ist es nöthig, daß, bevor das Zeichen gemacht wird, die Bücher genau nachgezählt werden (welches auch vor dem Feuchten nicht überflüssig ist), damit nicht mehrere oder wenigere in ein Zeichen kommen, und dann zu viel oder zu wenig an der Auflage gedruckt werden. Ist ein ganzer Haufen umschlagen: so zählt man die Zeichen und die übrigen Bücher, und berechnet, ob sie die seynsollende Bogenzahl enthalten oder nicht, und ob etwas dazu gefordert oder davon zurückgegeben werden muß. Sollen zwei oder mehrere Haufen auf einander umschlagen werden, so wird jeder mit einem doppelten Zeichen von dem andern unterschieden, dann der ganze Haufen mit Maculatur und einem Feuchtebrett zugedeckt, beiseit gesetzt und beschwert, und so läßt man ihn bis zum folgenden Tage stehen, an welchem man ihn abermals auf die erste Weise umschlägt; nur theilt man statt vorher ganze, jetzt halbe Bücher in zwei Hälften, und umschlägt oder umstülpt, wie man am besten die nassen und trocknen Stellen auf einander bringen kann, die erste Hälfte uneingerückt gerade auf die andere. Ist so der ganze Haufen zum zweitenmale umschlagen:

gen: so bleibt er beschwert bis zum Drucken stehen, und man kann gewiß seyn, daß dann jeder Bogen mit den andern gleich feucht und zum Bedrucken unverbesserlich ist. Hat man aber Grund, dies noch bezweifeln zu können: so muß der Haufen auch noch zum drittenmal umschlagen und die Abtheilungen so lange gekehrt und gewendet werden, bis man gewiß ist, daß es nun weiter keiner Handanlegung bedürfe.

Findet man zu Anfange des Umschlagens, daß das gefeuchtete Papier zu viel Wasser eingesogen hat: so fährt man damit nicht weiter fort, sondern nimmt von der nämlichen Sorte eben so viel trocknes als man nasses Papier hat, und legt zwischen jedes nasse ein trocknes Buch, so, daß entweder die nassen alle aus= und die trocknen alle einwärts, oder umgekehrt, daß die nassen ein= und die trocknen auswärts liegen; beschwert es und läßt es bis zum folgenden Tage stehen. Alsdann theilt man den Haufen in zwei gleiche Hälften, oder, man macht aus diesem einen, zwei Haufen, und umschlägt sie dann nach der oben angegebenen Art, nur mit dem Unterschiede, daß wenn man ein gefeuchtetes Buch umschlagen hat, dieses zurückgelegt und auch erst ein dazwischengelegtes umschlagen und dann eine Abtheilung von jenem und eine von diesem gelegt wird. Braucht man aber keine zwei Haufen: so werden die dazwischen gelegten Bücher beim Umschlagen wieder herausgelegt und aufgehängt; in solchem Falle ist es aber besser, das zu nasse Papier lieber mit grauer Maculatur zu durchschießen; denn naß und wieder trocken gewordenes Papier wird runzlich und die Bogen kommen durchs Aufhängen und Abnehmen in eine sehr ungleiche Lage und werden beschmutzt.

Das Feuchten des Schreibpapiers ist von dem des Druckpapiers in so fern verschieden, daß es wegen der durch den Leim erhaltnen Härte das Wasser nicht so leicht als jenes einsaugt. Es muß daher, wenn es dick und stark geleimt ist, nur zu 6, wenn es weniger dick und gewöhnlich geleimt ist, zu 8 Bogen abgezählt und auch 6 = 8 Bogenweise sehr langsam durchs Wasser gezogen; oder, wenn die letzte Hälfte im Wasser ist, die erste wieder zurückgeschlagen und auf die letzte etlichemal getaucht

taucht werden, und zwar damit das Waſſer deſto beſſer zwiſchen die Bogen bringen kann, ohne Feuchteſpäne. Bei dem Herausziehen aus dem Waſſer wird es mit der rechten Hand hängend über die Feuchte-Mulde gehalten, damit das noch nicht eingezogene Waſſer etwas ablaufe; im Unterlaſſungsfall bringt es an die Seiten des Papiers und näſſet dieſe zu viel. Diſkes halbgeleimtes Papier wird 12 Bogen und dünnes halbgeleimtes Buchweiſe durchs Waſſer gezogen. Uebrigens hat man dabei alles das zu beobachten, was von dem Feuchten und Umſchlagen des Druckpapiers bereits geſagt worden iſt.

3.
Vom Ballenmachen.

Die Ballen braucht man zum Auftragen der Farbe auf die Formen, oder zum Schwärzen derselben. Sie bestehen aus zwei zirkelrunden, schüsselförmigen Hölzern von Linden- oder anderm leichten und zähen Holze, die im Umfange 1 Fuß 11 Zoll haben und in ihrer Mitte mit, von außen hineingeschrobenen und verleimten, 5½ Zoll langen Stielen versehen sind; und aus mit ½zölligen Zwecken darauf genagelten, zirkelrund geschnittenen, halbgewalkten Schafledern (Thranledern), deren Umfang 3 Fuß 3 Zoll ist, und die mit gesponnenen Pferdeschwanzhaaren unterstopft sind.

Wenn man sie machen (aufschlagen) will, reibt man die Leder mit Bier *) sammetweich, zieht jedes über dem Ballenholze, welches man mit dem Stie-

---

*) Statt des Biers nehmen die Drucker gewöhnlich Wasser oder Lauge. Ersteres macht aber die Leder ganz kraftlos, und letztere zerfrißt sie.

Stiele zwischen den Knieen hält, wieder rund und nagelt es willkührlich am Ende, die glatte Seite außen, die rauhe inwendig, mit einem Ballennagel (Zwecken) auf den Rand des Ballenholzes *), zieht es von diesem Nagel mit der rechten Hand etwa 2 Zoll weit ab, hält es hier mit dem Zeigefinger der linken auf den Rand des Ballenholzes, schlägt dann das Leder mit der rechten Hand einen Zoll weit über den linken Zeigefinger, mit dem man es noch hält, zurück, und um eben so viel wieder vorwärts nach der rechten Hand zu, so, daß es eine doppelte Falze (Falte) gibt; auf deren hinteres oder linkes Ende setzt man einen Ballennagel, hält diesen mit dem Daumen und Zeigefinger der linken Hand, während daß man ihn mit dem Hammer in der rechten durch die Falze schlägt, schiebt dann diesen Nagel bis meist an den Kopf durch die Falze, und mit seiner Spitze auf dem Rande des Ballenholzes so weit rechts-

*) Dieser Nagel wird dann wieder herausgezogen, wenn die erste Falze gemacht ist. Geübtere machen sogleich eine Falze, nageln diese auf, und schlagen nicht erst verlohren einen Nagel ein.

rechtshin fort als sie reicht, zieht dann den Kopf mit der Falze zu der Spitze des Nagels über und schlägt ihn hier fest.

Von dieser ersten Falze zieht man das Leder wieder 2 Zoll nach der rechten Hand hin und macht so die zweite und dann alle übrigen Falzen wie die erste, den Zwischenraum 1 und die Falze 1 Zoll groß; vorzüglich zieht man aber jede Falze stark an, damit sich das Leder in den Zwischenräumen recht fest an den Rand des Ballenholzes schließe und keine Luft durchlasse.

Wenn man noch etwa 3 Falzen zu machen, oder von Falze zu Falze etwa noch 13 Zoll Leder hat, nimmt man so viel Haare als man nöthig hält, den Ballen zu füllen, und stopft sie mit der rechten Hand, während daß man mit der linken das Leder hält, in die gelassene Oeffnung, und immer unterwärts auf dem Ballenholze hinein, und allenthalben umher, und sieht vornehmlich dahin, daß der Ballen rund und nicht zu dicht gestopfet werde.

Ist

Ist man mit dem Stopfen fertig: so nagelt man den Ballen vollends zu, und befestigt das Vorder-ende jeder Falze mit noch einem Nagel, indem man dessen Spitze zwischen der Falze durchschlägt, dann den Nagel mit dem Falzen-ende rechts auf den zwischen den Falzen befindlichen Zwischenraum heraufzieht und da festschlägt.

So wie der erste, wird auch der andere Ballen gemacht, dann beide mit Farbe eingerieben und so bis zum Gebrauch mit den Stielen in die an der Presse irgendwo von Bindfaden angenagelten Schleifen aufgehängt. Wenn sie gebraucht werden sollen, fühlt man mit einem Finger zu, ob die Leder noch weich genug sind; wo nicht, so werden sie angefeuchtet; dazu nimmt man eine Ahle, oder besser, einen am Ende breit geschlagenen und etwa 6 Zoll langen Drath, steckt diesen im Zwischenraum zweier Falzen zwischen dem Leder und Holze in den Ballen, damit sich dadurch das Leder von dem Holze etwas ablöse, und läßt dann in diese Oefnung durch einen kleinen Schwamm einige Tropfen*)

---

*) Zu stark angefeuchtete Ballen werden blau und nehmen keine Farbe an, daher ist es besser, man

Bier laufen; zieht dann den Drath wieder heraus und streicht mit dessen breitem Ende das Leder wieder dicht auf das Holz; dies wiederholt man rings um den Ballen herum bei einer Falze um die andre, hält aber dabei jedesmal den Ballen so, daß das Bier nicht in die Haare, sondern an dem Leder hinunterlaufe und in daßelbe eindringe; um dies Eindringen desto eher zu bewirken, klopft man die Ballen nach dem Anfeuchten; d. h: man schlägt sie, indem man ihre Stiele in den Händen herumlaufen läßt, seitwärts gegen einander, doch so, daß sich nur immer die Leder berühren, und diese nicht mit dem Holze und Nägelköpfen zerschlagen werden; darauf werden sie abgeputzt, oder mit einem stumpfen Messer (Ballenmesser) von Haaren, Fasern und unreiner Farbe gesäubert, und damit dies leichter geschehen könne, vorher mit wenig von der Spindel gelaufenem oder sonst zu nichts anderm brauchbarem Baum-Öl eingerieben.

Das

man feuchtet sie wenig und wenn es nöthig ist, öfter an.

Das Anfeuchten und Abpuhen der Ballen muß des Tages etlichemal geschehen; ersteres geschieht am besten des Mittags und Abends, wenn man aufhört zu arbeiten, letzteres aber Nachmittags und Morgens ehe man zu arbeiten anfängt; auch, wenn die Farbe unrein oder das Papier faserig ist, öfter; zuweilen alle Stunden. Je reiner die Ballen gehalten werden, desto reiner wird der Druck.

Um aber auch ferner immer gute Ballen zu haben, muß man hauptsächlich dahin sehen, daß man die Ballenhaare gut erhält, und zu dem Ende alle 3 Tage die Ballen abbrechen, d. i. an jedem derselben 3 Falzen öfnen, und die Haare herausnehmen. Die herausgenommenen Haare werden dann sogleich gezauft (aus einandergezogen); vorher aber die Ballen ausgewaschen und mit trocknen und gut gezausten Haaren, die man vorräthig liegen hat, wieder gestopft und dann zugenagelt.

Beim Zausen der Haare setzt man sich ein Näpfchen mit Oel zur Seite, und tunkt die Finger

ger in daſſelbe, welche man zum Zauſen braucht. Das Oel, mit welchem man ſolchergeſtalt die Haare benetzt, befördert die Federkraft derſelben ungemein und hindert noch überdies das Eindringen der Feuchtigkeit in dieſelben. Uebrigens ſieht man darauf, daß die Haare nicht zerriſſen werden, ſondern, ſo viel wie möglich, ihre Länge behalten, und daß ſie ſo fein auseinander gezogen werden, daß, wenn man ſie gegen das Licht hält, ſich keine Knötchen mehr dazwiſchen zeigen. So gezauft werden ſie an einen warmen Ort zum Trocknen gelegt, und damit ſie nicht ins Kehricht kommen, ſorgfältig aufbewahrt.

Wer auf die hier beſchriebene Art ſeine Ballen rein und gut erhält, wird mit weniger Mühe beſſere Arbeit liefern, als derjenige, der mit putzigen und platt geſchlagenen arbeitet.

4.

Vom Formatsuchen.

In einigen Druckereien ist es üblich, daß die Setzer, in einigen, daß die Drucker die Formate (die Stege, welche zwischen die Columnen gelegt werden) suchen. Würden Stimmen darüber gesammelt, welchen von beiden das Formatsuchen ausschließend übertragen werden sollte, so würde ich für die Setzer stimmen; und zwar aus dem Grunde, weil sie dann eher dahin sehen würden, daß die Formate beim Abschlagen nicht verschmissen, sondern nach Endigung eines Werks gehörig aufgebunden würden *). Es brauchte dann keines

*) In dem Falle, daß die Drucker die Formate suchen müssen, bekümmern sich die Setzer wenig um die Aufbewahrung derselben; zuweilen verschleudern sie solche wol gar absichtlich, um die boshafte Schadenfreude zu haben, daß die Drucker brav suchen müssen; oder um einmal Gelegenheit zu bekommen, dem Drucker etwas befehlen, oder, wenn er etwa die rechten Stege nicht gesucht hätte, ihm Verweise geben zu können.

nes langen Suchens, sondern Jeder würde das Format, welches er brauchte, leicht zu finden wissen. Ueberdies muß ja doch der Setzer die Formen zur Correctur schließen, und wenn ihm der Drucker Anlegestege um die Formen gelegt hat, die nicht in die Rahmen passen, selbst andere suchen; es könnte ihm daher etwas sehr Geringes seyn, mit diesen auch die andern Stege sich selbst zu besorgen.

Da inzwischen wol keine allgemeine Stimmensammlung hierüber je Statt finden wird, der angegebene Grund vielleicht auch zu unwichtig ist, um deswegen eine andere Einrichtung zu treffen: so ist es wol nicht unnöthig, den Druckerlehrlingen auch von dem Formatsuchen etwas Weniges zu sagen.

Mehrentheils richtet der Setzer, wenn er ein neues Werk anfängt, die Columnen nach einem in der Druckerei schon vorgekommnen Formate; und in solchem Falle sieht man nach, ob die Formate nicht noch irgendwo aufgebunden stehen: finden sie sich nicht, so nimmt man einen gedruckten Bogen in dem Format, nach welchem der Setzer

seine

seine Columnen eingerichtet hat, und mißt darnach einen Mittelsteg, Kreuzsteg, Bundsteg ꝛc. und sucht dann genau nach diesen im Stegmagazin *) die andern. Ist das Format in der Druckerei noch nicht vorgekommen, oder kein gedruckter Bogen davon vorhanden: so nimmt man einen Bogen von dem Papier, auf welches das Werk gedruckt werden soll, falzt diesen in das Format und legt ihn auf eine der ausgebundenen Columnen so, wie man wünscht, daß die Columnen auf dem Papiere stehen mögten, nimmt eine spitzige Ahle und sticht mit derselben die Breite und Länge der Columnen durch den gefalzten Bogen, schlägt ihn darauf auseinander und mißt die Breite der Ste-

*) Ein Stegmagazin ist am bequemsten ein offner Schrank mit Fächern, in welchen die Stege so geordnet liegen müssen, daß in einem Fache die Mittelstege, in einem andern die Kreuzstege ꝛc. liegen. Zu alten Stegen, Klötzchen u. dergl. muß wieder ein eigner Kasten seyn. In Druckereien, wo es an Platz fehlt, um ein solches Stegmagazin stellen zu können, kann man sehr gut die Auslegebänke bei den Pressen dazu einrichten lassen.

Stege nach dem zwischen den gestochenen Löchern befindlichen Raume. Die Länge der Stege mißt man nach den Columnen selbst, sieht aber ja dahin, daß man recht mißt und die Stege nicht länger sucht, oder machen läßt, als die Columnen sind; sie würden sich sonst spannen und dadurch die Columnen sich schief schließen, oder wol gar ein Theil derselben herausfallen. Windschiefe oder sonst nicht ganz genau mit einander passende Stege, müssen durchaus ausgeworfen werden, weil sonst dadurch beim Zurichten viel Mühe und Versäumniß verursacht wird. Um zu erfahren, ob die Stege gerade oder ungerade sind, legt man sie nach ihrer Höhe auf die Buchstaben einer Form, oder auch auf ein gerades Brett, neben einander und streicht mit den Fingern quer über dieselben; findet man, daß sie auf der Seite mit einander gleich sind, so kehrt man sie um, legt auch die, welche in der Mitte liegen, auswärts und die äußern in die Mitte; bleiben sie nach dieser Verwechselung auch noch mit einander gleich und gerade: so sind sie zum Gebrauch tüchtig, und man kann sie ohne weiteres Messen in die Form legen. Wenn neue Formate gestoßen wer-

werden müssen: so muß man bei deren Bestellung dem Tischler einschärfen, daß er dazu gut ausgetrocknetes Birnbaum- oder Eichenholz nimmt; denn Stege von frischem Holze ziehen sich krumm, wenn sie trocken werden, und sind dann ganz unbrauchbar.

5.

Vom Formenschließen, so viel davon den Drucker angeht.

Das Schließen einer Forme geschieht entweder mit einer Schrauben- oder mit einer Keilrahme. Beide sind von Eisen, viereckig und müssen an ihren inwendigen Seiten genauen Winkel halten (s. Tab. II.). Ihre Größe ist nach den Formen, die damit geschlossen werden, verschieden. Man unterscheidet sie in den Druckereien gewöhnlich durch die Benennung: Median- und ordinäre Rahmen; erstere sind im Lichten 1 Fuß $6\frac{1}{2}$ Zoll hoch und 1 Fuß 11 Zoll breit; letztere 1 Fuß $4\frac{1}{4}$ Zoll hoch und 1 Fuß 9 Zoll breit; die Rahmenstangen von beiden sind $\frac{3}{4}$ Zoll dick und $1\frac{1}{2}$ Zoll breit.

Die Keilrahmen sind nur noch an einigen Orten (Hamburg, Altona ꝛc.) gebräuchlich, und werden vermuthlich, da sich mit den Schraubenrahmen bequemer schließen läßt, bald ganz durch diese verdrängt werden. Ihre Rahmenstangen sind gewöhnlich schmaler wie die der Schrauben-rahmen,

men, und können es auch seyn, weil keine Löcher durch dieselben zu den Schrauben geschlagen oder gebohrt werden; denn sie sind ohne Schrauben und haben statt der Rahmeisen zwei hölzerne, oder auch eiserne Schrabstege; zwischen diesen und der Rahme werden mit einem hölzernen Treibholze (welches dem eines Böttchers ähnlich sieht) und Keilhammer hölzerne Keile getrieben, die, so wie die Schrabstege, auf einer Seite spitz zugehen, auf der andern aber gleich sind (Tab. II.). Die gerade Seite wird gegen die Rahme, die schiefe aber gegen die schiefe Seite des Schrabstegs und so gekehrt, daß die dicken Enden der Keile an den dünnen des Schrabstegs liegen und solchergestalt, wenn sie angetrieben werden, die Forme verfestigen.

Die Schrauben-rahmen sind mit zwei Rahmeisen und 7 Schrauben versehen (Tab II). Erstere sind so hoch als die Rahmenstangen dick sind, etwa ⅝ bis ¾ Zoll dick, und so lang, daß eins davon etwas über die Breite der Rahme, und das andere etwas über die Höhe derselben im Lichten hält. An ihren untern Enden sind sie kurz gezapft, an den obern aber, das eine gabelförmig ausge-

hauen,

hauen, und das andere lang gezapft. Der lange Zapfen des einen wird dann in die Gabel des andern gelegt und so, wie die kleinen Zapfen, in die Rahme gerückt, in welche dazu in den zwei untern und der obern Ecke zur rechten Hand rinnenförmig eingehauene Vertiefungen sind. In diesen Vertiefungen aber dürfen die Rahm-eisen nicht festsitzen, sondern darin willig hin und her gehen, damit sie, wenn die Schrauben dagegen geschroben werden, sich an die Forme schrauben lassen und diese gehörig zusammenschließen. Die Schrauben werden von außen durch die, desfalls in die untere und rechte Seite der Rahme, gebohrten Löcher gesteckt, und in ihre, innerhalb der Rahmenstangen eingelassenen, Mütterchen geschroben. Sie sind so vertheilt, daß 4 davon unten und 3 seitwärts in gleicher Weite von einander, und die Eck-schrauben etwas weiter nach den Ecken, als nach der Mitte der Rahme hin, stehen. Ihre Länge ist am bequemsten $3\frac{3}{4}$ Zoll, davon das Gewinde 2 Zoll ausmacht, und ihr Umfang $1\frac{1}{8}$ Zoll; oben haben sie einen viereckigen, abgerundeten Kopf, der von allen Seiten gelocht ist. Das Gewinde an den Schrau=
ben

ben ist am besten breit oder spindelförmig; denn es schraubt sich nicht so leicht aus, als ein scharfes Gewinde; auch ist es vortheilhaft, wenn man sich messingene Mütterchen zu den Schrauben machen läßt; denn zweierlei Metall nutzt einander weniger ab, als ein und dasselbe, und dann kann man auch altes Messing zu gutem Preise wieder verkaufen.

Das Schließen mit einer Keil- und mit einer Schrauben-rahme ist bloß darin verschieden, daß man, statt hier die Schrauben angeschroben werden, dort die Keile antreibt, und ich glaube daher, zumal da die Keilrahmen so wenig mehr gebräuchlich sind, daß es genug ist, wenn ich hier eine Anleitung gebe, wie eine Form mit einer Schrauben-rahme geschlossen wird.

Man braucht dazu einen Schließnagel und ein Klopfholz. Ersterer ist von Eisen und hat die Gestalt eines langen runden Nagels oder dünnen Zapfens, dessen Kopf entweder kugelförmig, oder wie ein kleines Hämmerchen gestaltet ist (Tab. II.); die Spitze ist so dünn, daß man da-

mit

mit durch die Schrauben-löcher fassen kann. Das Klopfholz ist ein viereckiges, etwa 6 Zoll langes, 4 Zoll breites und 1 Zoll dickes, von Birnbaumholz, besonders auf seiner Unterfläche, gerade gehobeltes Klötzchen, dessen obere Ecken, um die Oberfläche kenntlich zu machen, rings umher abgerundet sind. Soll nun geschlossen werden, so sieht man vorher nach, ob sich nicht noch irgendwo ein Steg spannt, oder ob nicht etwa eine von den unter die Columnen geschlagenen Quadratzeilen unter einen Steg verschoben ist, nimmt darauf den Schließnagel, stellt dessen Spitze schräg, zwischen der Rahme und dem Rahm-eisen, gegen die Mitte des Rahm-eisens, drückt ihn oberwärts gegen die Rahme und zwängt so die Forme (treibt sie an) von den beiden Seiten der Rahme, wo die Schrauben durch dieselbe gehen, nach den beiden andern Seiten gegen über zusammen.

Dieses Zusammenzwängen oder Antreiben der Form geschieht bei Folio, Octav, lang Duodez und solchen Formaten, die der Länge nach ausgeschossen werden, zuerst seitwärts rechter Hand; bei Quart, Quer-duodez, 16, 32. u. dergl. in
der

der Quer-ausgeschossenen Formaten aber zuerst vorn, wo man an der Rahme steht. Würde man dies aus der Acht lassen und Octavformat z. B. zuerst vorn antreiben, so würden sich die Buchstaben auseinander treiben und beim Zuschließen an der Seite sich entweder nicht, oder schief (verkrätscht) zusammenschließen. Auch ist es gut, wenn man die Mitte des Rahm-eisens eher als dessen Enden antreibt und nachher die mittlern Schrauben eher zuschließt als die äußern; denn die Enden des Rahm-eisens biegen sich von selbst nach; dahingegen die Mitte desselben, wenn die Enden zuerst angeschlossen werden, sich auswärts beugt, und ohne daß die Eck-schrauben wieder nachgelassen werden, sich nicht gerade schließt; besonders hat man, wenn dünne Rahm-eisen in einer Rahme sind, hierauf genau zu achten, oder zu befürchten, daß die ganze Form sich krumm und bauchicht schließe.

Wenn nun gehörig angetrieben und die Schrauben mit der Hand nur eben so viel zugeschroben sind, daß sie die Rahm-eisen fassen, so nimmt man das Klopfholz, setzt es unten linker Hand auf die Ecke

Ecke der Form und klopft mit dem Kopfe des Schließnagels auf dessen Oberfläche, es immer forthebend, über die Form hin und endigt damit auf der untern Ecke der Form zur rechten Hand. Dies Klopfen geschieht, um die etwa in der Höhe stehenden Buchstaben nieder und den andern gleich zu klopfen; es darf aber nicht zu stark geschehen, damit die Buchstaben nicht stumpf geschlagen werden, oder dadurch Spieße in die Höhe steigen; auch muß man das Klopfholz beim Fortheben immer gerade wieder auf die Forme setzen, und nicht etwa mit einer Ecke desselben in der Höhe stehende Buchstaben abstoßen, welches aus Unvorsichtigkeit, zumal bei kleiner Schrift, leicht geschehen kann.

Nach dem Klopfen schließt man die Schrauben mit dem Schließnagel, mit dessen Spitze man in den Kopf der Schraube faßt und ihn umdreht, dem Antreiben entgegengesetzt, fest, d. h. man fängt da zuerst an zuzuschließen, wo man zuletzt antrieb, und zwar bei den Formaten, die der Länge nach ausgeschossen sind, als Folio, Octav u. dergl. die vordern Schrauben eher als die

die an der Seite, und bei den quer ausgeschossenen, als Quart, Querduodez u. dergl. erst die Schrauben an der Seite und dann die vordern. Dies zu beobachten darf man durchaus nicht verfehlen, wenn man seine Absicht, die Formen gerade zu schließen, erreichen will; denn seitwärts erst angeschlossen, schließen sich die Endbuchstaben der Zeilen, zumal wenn die Formen durchschossen sind, oder die Zeilen einzeln stehen, an den Stegen, als weichern Körpern, fest und lassen sich nachher, wenn man die Columnen von unten anschließt, entweder gar nicht, oder doch weniger, als die Mitte der Zeilen in die Höhe schließen, daher dann die Zeilen ein sichelförmiges Ansehen bekommen, und sich selten ohne Verwechslung der Stege wieder gerade schließen lassen.

Die Schrauben werden nicht auf einmal, sondern nach und nach, und zwar bei Octav z. B. nach dieser Ordnung zugeschroben: erst schraubt man die zwei mittelsten der vier vorn in der Rahm befindlichen Schrauben, dann die zwei neben diesen, hierauf die mittelste der drei an der Seite der Rahme befindlichen Schrauben, dann die äußern, fern, jede einmal halb herum, und wiederholt dieses so oft, bis sich die Schrauben ohne Gewalt nicht mehr herum schrauben lassen.

Zu fest darf nie eine Form geschlossen werden; denn es hat nicht nur keinen Nutzen, weil demohnerachtet das, was der Setzer nicht recht ausgeschlossen hat, oder was schiefe Stege und schiefe Rahmen nicht anschließen, herausfällt; sondern es schadet auch auf mancherlei Weise. Einzeln stehende und zu stark ausgeschlossene Zeilen schließen sich in die Stege und machen diese höckerich und unbrauchbar; auch springen zuweilen, wenn die Stege nicht mehr nachgeben können, die Formen aus; außerdem werden auch damit die Schrauben verdorben, und nicht selten die Rahmen zersprengt. Man darf daher denjenigen Druckern, die, um das Register beim Zurichten zu verbessern, die Schrauben mit allen Kräften umdrehen, nicht nachahmen; es gibt ihrer leider sehr viele, und der Schaden, den sie durch ihr unvernünftiges Verfahren in den Druckereien, in welchen sie hausen, besonders im Steg-magazin anrichten, ist sehr beträchtlich;

zu

zu geschweigen, daß sie dadurch den aufs Schließen verwandten Fleiß des Setzers unnütz machen, und jede vorhin noch so gut und gerade geschlossene Form unverbesserlich krumm und schief zwingen.

Geradheit der Zeilen muß man beim Schließen der Formen hauptsächlich beabsichtigen und daher nichts von dem aus der Acht lassen, was in dieser Rücksicht im Vorhergehenden gesagt ist.

6.

6.

Vom Correctur-abziehen.

Der erste Abdruck, welcher von etwas Gesetztem gemacht wird, heißt Correctur; und wird dem Verfasser des Werks oder einem andern Corrector zur Aufsuchung der beim Setzen gemachten Fehler übergeben. Diesen Abdruck machen, heißt Correctur-abziehen. Dies geschieht entweder in der Presse, oder auch außer derselben durch Abtreten oder Abklopfen, auf letztere Art jedoch nur im Nothfall, wenn entweder alle Pressen mit Arbeit so überhäuft sind, daß sie durch Aushebung der Formen nicht dürfen versäumt werden; oder wenn ein Drucker eine Forme in der Presse hat, von der er befürchten muß, daß sie ihm beim Ausheben auf irgend eine Art verunglücke oder etwas aus derselben herausfalle. Außer diesen Fällen ist das Abtreten und Abklopfen der Correcturen weder anzurathen, noch zu gestatten; denn eine Correctur muß rein und leserlich abgezogen werden, damit der Corrector jeden Buchstaben auf das deutlichste sehen und alle Fehler wahrnehmen und bemerken

ken könne. Dies kann aber, weil dabei kein gleicher Druck möglich ist, weder durch das Abklopfen noch Abtreten geschehen, und eine Correctur auf das beste abgetreten oder abgeklopft, gleicht kaum einer in der Presse schlecht abgezogenen. Inzwischen ist es doch einem Drucker zu wissen nöthig, wie er sich im Nothfall helfen könne, und in dieser Rücksicht, habe ich keine Art des Correctur-abziehens übergangen, sondern der folgenden Anweisung zum Abziehen in der Presse auch die zum Abtreten und Abklopfen der Correcturen angehängt.

Wenn eine Correktur abzuziehen ist, so nimmt man einen Bogen Schreib- oder geleimtes Druckpapier, der so groß ist, daß er nach dem Abziehen noch einen hinlänglichen weißen Rand behält, auf dem der Corrector die gefundenen Fehler anzeigen kann, überstreicht denselben auf einer Seite mit einem nassen Schwamme solchergestalt, daß er überall gleich feucht werde, schlägt ihn dann so zusammen, daß die angefeuchtete Seite inwendig kömmt und legt ihn zwischen feuchtes Maculatur, oder zwischen den vor der Presse stehenden.

Hau-

Haufen. Sind aber die Formen, die abgezogen werden sollen, weitläuftig gesetzt, so wird der Bogen nicht angefeuchtet, sondern eine Viertelstunde vor dem Abziehen zwischen einen Haufen gefeuchtetes Papier gelegt und dieser beschwert. Ist dieses geschehen, so holt man eine Forme in die Presse, untersucht aber, ehe man sie in die Höhe nimmt, ob sie hält, weil es seyn kann, daß der Setzer sie noch nicht festgeschlossen oder zu schließen gar vergessen hat; hält sie, so trägt man sie in die Presse, wischt mit flacher Hand ihre Unterfläche sowol, als das Fundament recht rein ab, und legt sie mit Vorsicht auf dasselbe nieder; rückt sie dann unter die Mitte des Tiegels, d. h. man legt sie auf dem Fundamente so, daß wenn man mit dem Karrn einfährt, der Tiegel die Form überall gleich begreife, nimmt darauf, nachdem die Forme enge oder weitläuftig gesetzt ist, aus grober oder feiner Schrift besteht, mehr oder weniger Farbe, reibt sie gut und trägt sie auf die Förme auf. Beim Auftragen geht man mit den Ballen etlichemal über die Form, weil die Buchstaben beim ersten Darübergehen nicht sogleich die Farbe annehmen; jedoch darf es, so wie hernach das Ziehen, nicht

zu

zu oft wiederholt werden, weil sonst jeder abgenutzte oder schadhafte Buchstab, der bei gewöhnlichem Auftragen und Ziehen halb oder ganz wegbleiben würde, sich auch ganz abdruckt und alsdann von dem Corrector nicht bemerkt werden kann. Nach dem Auftragen nimmt man die Umlagen, die von einer steifen Pappe geschnitten sind und legt sie um die Forme, auf den Mittelsteg und auf die Kreuz- und Bundstege, damit die Stellen, die auf dem Bogen weiß bleiben, nicht beschmutzt werden. Sind halbe Columnen, Vakate oder dergleichen in der Forme; so belegt man diese mit Stückchen Maculatur, und damit der Tiegel gerade aufsetzt und die Endbuchstaben sich nicht zu scharf ausdrucken, mit Trägern (Hölzchen). Darauf nimmt man den angefeuchteten Bogen und legt ihn gleich und unverrückt mit der nicht angefeuchteten Seite auf die Forme, über denselben einen großen, etwas feuchten Maculaturbogen, der nicht schmutzig oder knotig ist, auf diesen ein oder anderthalb Buch feuchtes Druckpapier, welches man von einem gefeuchteten Haufen nehmen kann, oder statt dessen einen alten zum Abziehen immer feucht zu erhaltenden Deckel, und darauf eine unterterwärts reine Pappe, fährt alsdann behutsam unter den Tiegel und zieht erst die eine Hälfte und dann die andere ab. Mit dem Ziehen richtet man sich ebenfalls nach der Form und zieht stark, wenn sie enge, mit weniger Kraft, wenn sie weitläuftig gesetzt ist. Nach dem Abziehen wird der Karrn wieder herausgefahren, die Pappe, das Papier und der Maculaturbogen wieder abgenommen und der Correcturbogen langsam von der Forme abgezogen; ehe dies letzte aber geschieht, siehet man erst auf dem Bogen umher, ob sich keine Stellen zeigen, die sich nicht ausgedruckt haben. Finden sich dergleichen, so läßt man den Bogen unverrückt liegen und drückt diese Stellen mit dem Ballen am Daumen etwas nach, braucht aber die Vorsicht, daß man gerade und nicht zu fest aufdrückt und der Bogen sich nicht an den Ballen des Daumens hängt; denn er würde sich sonst in die Höhe ziehen und bei einem abermaligen Drucke doppliren; allenfalls kann man, um dies zu verhüten, auf die Stellen, die nachgedrückt werden müssen, ein Stückchen trocknes Papier legen und auf dieses drücken. Ist der Abdruck gerathen, so legt man den Bogen, damit er nicht troktrocken werde, wieder zwischen feuchtes Papier, trägt die abgezogene Forme wieder an ihren Ort und verfährt nun mit der zweiten wie bei der ersten. Wenn sie beide abgezogen und so, wie das zum Abziehen gebrauchte Papier, wieder zur Stelle gebracht sind, so werden sie aufgeschlossen und dem Setzer zum Corrigiren überlassen.

Wenn eine Correctur abgetreten werden soll, so muß die Forme auf einem geraden Setzbrette liegen; mit diesem bringt man sie an einen Ort, wo sie fest stehet und wo, durch die Erschütterung des Auftragens, nichts umfallen kann; dann trägt man auf; legt die Umlagen um, und legt den angefeuchteten Bogen zur Correctur, einen nassen Maculaturbogen, ein halbes Buch feuchtes Druckpapier und die Pappe, auf die Forme; setzt diese auf den Fußboden, und tritt dann mit Schuhen, deren Sohlen vorher von Sand, kleinen Steinen und andern Unreinigkeiten gesäubert sind, darauf; stellt die Füße dicht neben einander, und tritt dann mit den Vordertheilen der Füße, ohne daß mit den Absätzen die Forme berührt wird, auf der Forme so lange auf und nieder, bis man auf derselben zu Ende kommt und

und glaubt, alles hinlänglich berührt zu haben. Dabei ist aber, um zu verhüten, daß sich der Bogen nicht dopplire und an den Seiten durchtrete, die Vorsicht nöthig: daß man die Füße nur immer wenig auf- und forthebe und damit gerade auf- und nieder- auch nicht zu weit über die Columnen hinaustrete. Nach dem Abtreten wird die Forme mit allem, was darauf liegt, wieder auf ihre erste Stelle gehoben, die Auflage bis auf die Correctur abgenommen und die nicht gehörig abgetretenen Stellen auf derselben mit der Hand nachgedrückt.

Das Abklopfen der Correctur geschieht entweder mit einer steifen Bürste, oder mit dem Klopfholze. Man legt, nachdem alles das geschehen ist, was ich oben beim Abtreten bereits gesagt habe, auf den Correctur- und nassen Maculaturbogen einige trockne Maculaturbogen, nimmt dann die Bürste und klopft mit derselben über die Forme ganz lose hin, damit sich der Correcturbogen erst allenthalben auf die Schrift festlege; dann fängt man wieder von vorn an, und klopft auf jeder Columne so lange hin und her, bis davon durch

durch das Maculatur eine scharfe Schattirung sichtbar wird. Die Bürste muß beim Klopfen immer gerade auf die Form fallen und nicht zu weit über die Columnen ragen. Zum Abklopfen mit dem Klopfholz braucht man, außer dem Klopfholze, einen Hammer, mit diesem klopft man auf jenes, es immer forthebend, über die Forme hin. Uebrigens ist es das nämliche, wie bei dem Abklopfen mit der Bürste, nur daß man hiebei einige nasse Maculaturbogen mehr zur Auflage nimmt; jedoch darf diese nicht zu dick seyn, weil sonst die Schläge mit dem Hammer auf das Klopfholz nicht durchbringen und bewirken können, daß sich der Correcturbogen gehörig auf die Schrift lege und die Farbe davon abziehe. Je dicker inzwischen die Auflage, ohne dieses zu verhindern, gemacht werden kann; desto besser ist es für die Schrift, welche außerdem durch das Klopfen, besonders mit der Bürste, sehr leidet. Von dem Abtreten der Correcturen ist, weil wegen des stärkern und nicht prellenden Drucks mehr feuchtes Papier und eine Pappe auf den Correcturbogen gelegt werden darf, weniger Nachtheil für die Schrift zu befürchten, und daher, wenn man einmal aus Noth dazu gezwungen ist, daß außer der Presse abgezogen werden muß, dem Abklopfen vorzuziehen.

7.
Vom Zurichten.

Zurichten (auch Register suchen) heißt, wenn der Drucker eine Forme zum Drucken in die Presse genommen hat, und nun bemüht ist, sie in derselben so zu legen, daß ihr Abdruck auf die Mitte des Papiers zu stehen komme; oder wenn bereits eine Form abgedruckt ist, die zweite so zu rücken, daß ihre abgedruckten Seiten (der Wiederdruck) genau auf die vorher abgedruckten (den Schöndruck) passen.

Dies Geschäft hat für manche Drucker viel Schwierigkeiten, ja für einige so viele, daß sie es nie recht begreifen, und aus Verdruß darüber sich gar nicht mehr damit abgeben. Daraus folgt aber keineswegs, daß die Erlernung des Zurichtens wirklich mit so vielen Schwierigkeiten verknüpft sey, oder daß ein ganz vorzüglicher Kopf dazu gehöre, es zu begreifen: Jeder, wenn er nur ganz gemeinen Menschenverstand hat, kann es erlernen; er muß sich nur üben, und keine Gelegenheit vorbei laſſen, die ſich ihm zur Uebung darbietet. Man findet aber in jedem Fache Stümper, und deſto mehr, wenn die Sache Veränderungen leidet, und bei jeder Veränderung etwas neues zu beobachten iſt. Dies iſt der Fall beim Zurichten. So oft eine andere Forme in die Preſſe genommen (eingehoben) wird, ſo oft findet der Drucker anderes Regiſter, welches er dann auch auf eine andere Art behandeln muß; allein die Regeln, nach welchen dies geſchieht, ſind doch nicht ſo vielfach und ſo unbegreiflich, daß ſie nicht Jeder faſſen könnte.

Die Urſache, daß es viele Drucker gibt, die nicht recht oder gar nicht zurichten können, iſt entweder die: daß ſie ſich die Sache zu ſchwer und ihre Kräfte zu klein gedenken; oder daß ſie überhaupt zu nachläſſig ſind und ſich um das Zurichten zu wenig bekümmern. Die in den Druckereien gewöhnliche Einrichtung, daß von den beiden an einer Preſſe arbeitenden Druckern nur einer, der andere aber gar nicht ſich um das Zurichten bekümmert, kömmt ſolchen Druckern gut zu ſtatten. Sie wählen ſich immer die Stelle des

des Ballenmeisters, und überlassen die des Preß, meisters gern ihrem Gehülfen, obgleich letztere vor der erstern Vorzüge hat. Wäre es thunlich, daß das Zurichten von beiden Druckern wechselsweise, eine Forme um die andere, geschehen müßte, dann würde der Nachlässige, so wie der Feigherzige, gleichsam gezwungen, sich im Zurichten zu üben, und durch die Uebung würde es ihnen geläufiger werden; allein man klebt zu fest an alten Gewohnheiten, und es läßt sich deswegen eine Aenderung hierin bei dem größten Theile wol kaum gedenken.

Das beste und vielleicht auch ausführbarste Mittel, die Stümper im Zurichten zu vermindern, scheint mir zu seyn, daß man die Lehrlinge besser und früher, wie bisher, darin unterrichtet. Freilich wird man auch hier vielen Widerspruch finden; aber der Principal einer Druckerei kann dabei eher sein Ansehen brauchen und dadurch den Anführer eines Lehrlings dazu vermögen, daß er sich nach seiner Vorschrift bequeme, und zwar um so leichter, wenn er gewisses Geld gibt. Beim Berechnen der Arbeit wird er mehrere Schwierigkeiten finden, seinen Zweck zu erreichen; denn hier wird er öfter den Einwurf hören müssen, daß dadurch zu viel versäumt, und der Verdienst geschmälert werde. Allein dieser Einwurf ist so unwahr, weil der Nutzen, den ein Anführer von seinem Lehrlinge hat, mit des letztern Fähigkeiten und Fortschritten wächst, als es unchristlich ist, aus bloßem Eigennutz einen jungen Menschen zu versäumen; überdies ist es ja einerlei Zeit und einerlei Mühe, ob ein Lehrling gut oder schlecht angewiesen wird.

Gewöhnlich gibt man den Lehrlingen erst im letzten Jahre ihrer Lehre im Zurichten einige Anweisung und spricht davon in den vorhergehenden Jahren, als von einer Kunst, die so viele Geheimnisse habe, daß man sie erst nach vielen Jahren, wol gar kurz vor dem seligen Ende erst sich zu eigen machen könne. Abgeschreckt durch diese Reden, traut es dann der Lehrling seinen Kräften nicht zu, diese Geheimnisse jetzt schon ausspähen zu können, sondern glaubt, daß ohne sein Zuthun ein Ohngefähr sie ihm einmal aufschließen müsse. Der kurze Unterricht, welcher ihm

sel-

selten anders als wörtlich und noch dazu oft sehr verworren gegeben wird, verändert diese Meinung nicht bei ihm, und er endigt mehrentheils seine Lehrjahre, ohne daß er auch nur eine Forme zu rücken versteht.

Gegen diese sehr zu tabelnde Verfahrungsart wähle man folgende: Man gebe dem Lehrling im Zurichten schon im ersten Jahre seiner Lehre mündliche Anweisung, und mache ihm die Sache so leicht wie möglich; unterlasse aber auch nicht, ihm zu sagen, daß die größte Fertigkeit hierin ein Haupterforderniß für einen guten Drukker sey, und daß er sich deshalb bestreben müsse, den höchsten Grad derselben darin zu erlangen. Ist er so weit gekommen, daß er am Deckel arbeiten kann, so lasse man ihn dasjenige, was er vom Zurichten bisher theoretisch gelernt hat, practisch üben, und zwar so oft, als es nur immer die Zeit leidet; weise ihn da, wo er irrt, zurecht und führe ihn auf das darüber Gesagte zurück: so kann es nicht fehlen, daß er in kurzer Zeit das Meiste davon begriffen hat, und er müßte einen Kopf von Holz haben, wenn er nicht noch vor dem letzten Jahre seiner Lehre darin so gewandt würde, daß er sich in allen vorkommenden Fällen zu rathen wüßte.

Eine ausführlichere Anweisung zum Zurichten wird sowol dem Lehrer als Lehrling zu diesem Zwecke wichtige Dienste thun, und ich nehme daher nicht länger Anstand sie hier folgen zu lassen *).

Wenn man eine geschlossene Form zum Drukken in die Presse genommen hat, so nimmt man einen langen gerade gehobelten Steg, oder ein langes, schmales Linial, legt dieses, auf den Kreuzstegen durch, an die obern Columnen-titel und sieht

*) Ich habe mich bei dieser Anweisung zum Zurichten bloß auf Octav-format eingeschränkt; theils deswegen, weil es das jetzt üblichste ist, theils auch aus der Ursache, weil, bei Aufführung mehrerer, der Lehrling hätte verwirrt werden können. Ueberdies schien mirs auch überflüssig zum Zurichten mehrerer Formate Anweisung zu geben; denn ich hätte, weil die Art des Zurichtens immer dieselbe bleibt, schon Gesagtes nur wiederholen müssen.

sieht zu, ob diese alle gerade an dem Linial stehn: ist dieses nicht, so schließt man die Forme auf, nimmt die beiden obern Capital-stege heraus und mißt sie gegen einander, ob sie windschief oder einer schmaler als der andere ist; wenn dieses sich so verhält, so verwechselt man sie mit besser zu einander passenden, und legt das Linial abermals an; findet man, daß dennoch die Columnen-titel nicht gerade an dem Linial stehen, so ist die Rahme nicht winkelrecht und man ist genöthiget, da, wo sie nicht anstehen, so viel zwischen der Rahme und den Capital-stegen an Spänen einzulegen, als die Columnen-titel von dem Linial abstehen; zuweilen hat auch der Setzer die Columnen nicht von einerlei Länge gemacht, dies kann man erfahren, wenn man die Columnen dicht an den Kreuzsteg schiebt und mit einem Zirkel gegen einander mißt. Auf eben die Weise kann man sich auch die Forme seitwärts justiren; das Linial wird dann auf dem Mittelstege herunter zu beiden Seiten an die Columnen gelegt. Ist man damit fertig, so schließt man die Forme wieder zu, stellt sie vom Setzbrette in die Presse, wischt mit der flachen Hand ihren Rücken und das Fun-

da-

dament rein ab, damit kein Sand, Fasern oder sonstiger Unrath darunter bleibe und Buchstaben davon erhöhet werden, und legt sie dann aufs Fundament nieder; hierauf rückt man sie auf dem Fundamente so, daß, wenn man den Karrn einfährt, sie unter der Mitte des Tiegels liegt, füllt den Platz oben zwischen dem Rande des Karrns und der Rahme mit Stegen 1. (dem obern Capital) und schiebt da die Forme an; dann rückt man sie seitwärts nach einem, an den meisten schon im Gebrauch gewesenen Pressen, sich am obern Rande des Karrns befindlichen, die Mitte desselben bezeichnenden, eingeschlagenen Nagel oder eingeschnittnen Kerbchen, 2. so in die Mitte, daß die Mitte des in der Forme liegenden Mittelstegs 3. mit dem besagten Nagel oder Kerbchen 2. in gleicher Linie sey, füllt den Raum zwischen dem Rande und Rahme beim Tiegel ebenfalls mit Stegen 4. (mit dem Capital beim Tiegel) und schiebt nun die Forme nach oben und seitwärts gleich und fest an.

Die hier folgende Figur wird das Gesagte deutlicher machen. Sie stellt den Karrn oder ober Kasten vor, in welchem das Fundament mit der Forme liegt, und die Ziffern zeigen den Ort, wovon oben gesprochen ist.

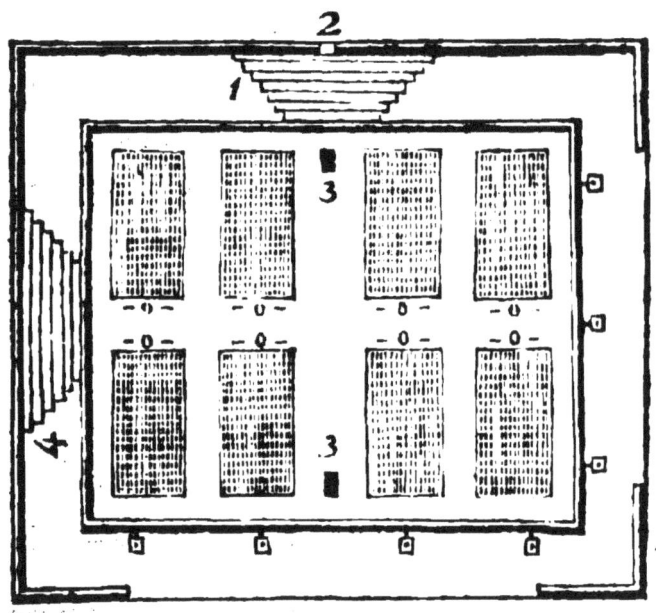

Wenn die Forme solchergestalt in der Presse liegt, schlägt man ein dazu passendes, oder wenn ein solches nicht vorräthig ist, ein neu überzogenes Rähmchen an *), rückt die Puncturen (Tab. II.)
in

*) Wie dies und der Deckel überzogen wird, s. in der Beschr. d. Presse S. 12. u. 14. — Nur ist der
An-

in die Mitte des Deckels, so daß ihre Spitzen in gerader Linie, und wenn der Mittelsteg breit genug ist, so stehen, daß die Löcher des auf sie eingestochnen und nachher abgedruckten Papiers mit dem Custos der Columne in gleicher Linie stehen, und nachdem man sie fest angeschroben hat, legt man den Filz in den Deckel, sticht auf diesen einen zu gleichem Format schon gebrauchten, oder wenn ein solcher nicht vorhanden ist, einen neuen, etwa aus 30 Bogen Druckpapier bestehenden, Deckel, durch schmale Streifen Leder, in welche derselbe, so weit er auf den Puncturen liegt, eingeneht ist, in dieselben; feuchtet diesen Deckel in der Mitte und oben an, legt etwa 3 Bogen graues Maculatur darauf *), falzt dann einen

Anweisung zum Ueberziehen des Deckels noch zuzufügen: daß, wenn derselbe mit Linnen überzogen ist, auf beide Seiten desselben ein großer, starker Bogen Schreibpapier gekleistert wird.

*) Bei dem Zurichten einer Wiederdrucks-forme, werden einige Bogen graues Maculatur mehr genommen.

einen Bogen (Einstechbogen) von dem zu druckenden vor die Presse gesetzten Papier genau in der Mitte, sticht diesen auf dem Bruche, unten und oben gleich, ein, und nach diesem noch etliche Bogen, nimmt letztere aber bis auf einen wieder heraus, legt auf diesen, damit er nicht beschmutzt werde, einen starken Bogen Schreibpapier (Abziehebogen) und zieht ihn (blind) ab. Bevor man aber den Deckel ganz auf die Forme niederlegt, sieht man erst zu, ob die Puncturen-spitzen nicht etwa auf die Rahme, oder sonst irgendwo anders hinein, als in die zu dem Ende in den Mittelsteg gehauene Vertiefung, gehn; falls dieses wäre, welches jedoch selten der Fall ist, wenn man die Forme nach oben angegebener Weise in die Mitte gelegt hat, so muß man die Forme darnach rücken, daß sie dahinein passen; auch muß man sich in Acht nehmen, daß man nicht zu stark hinein und herausfahre, damit die Form nicht dadurch verrückt werde. Nachdem der Bogen (blind) abgezogen ist, durchsticht man mit einer spitzigen Ahle die äußersten Punkte des durch das Abziehen entstandenen Gepräges (Schattirung); umschlägt

schlägt*) darauf den Bogen und zieht ihn wie vorher ab, so weit die nun entstandne Schattirung von der er-

*) Bei Quer-duodez und einigen andern Formaten, die aber jetzt selten mehr vorkommen, wird der Bogen umstülpt. Viertelbogen von Quart, Octav ꝛc. werden umstülpt und umschlagen zugerichtet. Blätter, die nur auf einer Seite gedruckt werden sollen, richtet man, der Kürze wegen, nicht auf ganze Bogen zu, sondern man zerschneidet das Papier zu solchen Blättern, wie man sie braucht; schiebt die zu druckende Columne auf dem Fundamente auf den ersten Satz unter die Mitte des Tiegels, schließt sie, und keilt ein; darauf kleistert man über das graue Maculatur im Deckel einen reinen Bogen Papier an seinen vier Ecken an, schneidet, wenn man kein Folio-rähmchen hat, aus einem andern die Stege, welche auf die Columne gehen würden, verkleistert die ganze rechte Hälfte des Rähmchens und ziehet, wenn man vorher aufgetragen hat, blind ab. Dann schneidet man den Abdruck auf der Verkleisterung des Rähmchens aus und umlegt die Oeffnung mit Trägern, paßt auf das, auf dem im Deckel angekleisterten Bogen, durch das Abziehen entstandene, Gepräge ein Blatt von dem zerschnittenen Papiere, kleistert dies, wenn es mitten auf dem Gepräge liegt, etwas ersten oder von den gestochenen Punkten absteht, um die Hälfte so weit wird dann die Forme rechts oder links hinauf oder herunter gerückt, nachdem die letzte Schattirung rechts oder links zurücksteht. Mit Figuren wird dies deutlicher darzustellen seyn; vorher muß ich aber noch erinnern, daß man immer erst die Seiten der Columnen zurichtet und sich um die Köpfe derselben nicht eher bekümmert, bis man mit jenen fertig ist.

Erste Figur.

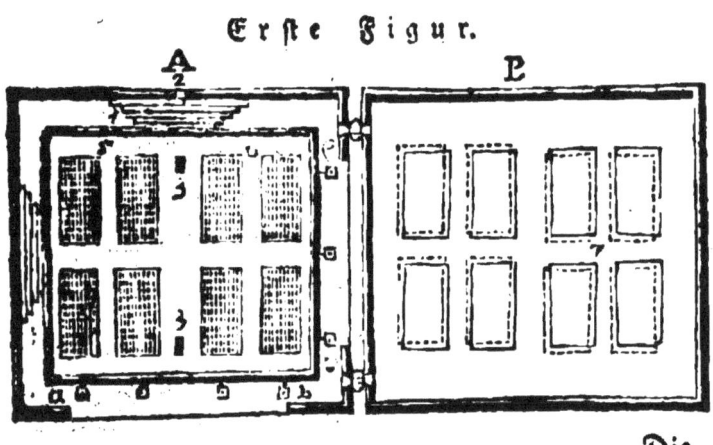

Die etwas auf den Bogen, auf welchem das Gepräge ist, und rings um dasselbe dicke Späne oder länglich geschnittne Stückchen Pappe. In diesen Kranz legt man dann mehrere Blätter und druckt sie so, ohne weitere Zurichtung, ab.

F

Die mit A bezeichnete Figur stellt die Forme vor, wie sie in der Presse liegt und wie solche oben schon vorgestellet ist; die mit B bezeichnete ist der Deckel, auf welchem der zweimal abgezogene Bogen liegt. Die Punkte bezeichnen die Schattirung des ersten, und die Linien die Schattirung des zweiten Abziehens; letztere steht seitwärts etwa einen Span weiter rechts hin, als erstere. Um nun jene auf diese zu bringen, legt man in das Capital 4. halb so viel, als die mit Linien bezeichnete Schattirung zurücksteht, also ein dünnes Spänchen, und rückt die Forme wieder an; sucht darauf in die Ecken a, b, c, d passende Keile, und schlägt diese von allen Seiten gleich fest, doch nicht zu fest, sonst würde man die Form wieder aus ihrer Lage keilen. Um nun aber auch die Columnen-titel (Köpfe) auf einander zu bringen, schließt man die Form auf, nimmt die beiden Anlegestege 5. 6. heraus und mißt solche gegen einander, denn entweder ist der Nro. 5. liegende gegen den Nro. 6. zu schmal, oder die Rahme ist hier nicht im Winkel; im ersten Fall verwechselt man den zu schmalen Anlegesteg 5. mit einem dem andern gleich breiten; im zweiten legt man zwischen der Rahme me und dem Anlegestege 5. einen Span ein, der an Dicke halb so viel beträgt, als die erste mit Punkten bezeichnete Schattirung über die zweite im Kreuzstege Nro. 7. vorschlägt (vorsteht). Ueberhaupt ist zu merken, daß bei dem Zurichten des Schöndrucks immer nur halb so viel eingelegt und herausgenommen wird, als die Schattirungen von einander abstehn; denn der Abstand der Schattirungen verdoppelt sich durch das Umschlagen oder Umstülpen des Bogens. Bei dem Zurichten des Wiederdrucks aber wird eben so viel eingelegt und herausgenommen, als das Register vorschlägt, und in solchen Fällen, wie der obige, da vier Columnen mit den Köpfen um einen Span herunter und die andern vier um einen Span hinaufstehen, werden im Wiederdruck über letztere (bei Nro. 5.) zwei Späne eingelegt, dann aus dem obern Capital (Nro. 1.) ein Span herausgenommen, und die ganze Forme wieder angerückt und festgekeilt. Wenn man schon geübt ist und ein gutes Augenmaß hat, daß man immer gerade so viel einlegt und herausnimmt als die Schattirungen von einander abstehn: so kann man allemal nach der ersten Aenderung einkeilen, und dann bloß den Revidirbogen noch einmal umschlagen, abziehen und auf demselben nachsehen, ob das Register stehe, oder ob noch eine Kleinigkeit daran zu ändern sey. Anfänger aber thun wol, wenn sie einige Bogen abziehen und nicht eher einkeilen, bis das Register völlig steht; sie müssen sonst die Keile zu oft verwechseln.

Zweite Figur.

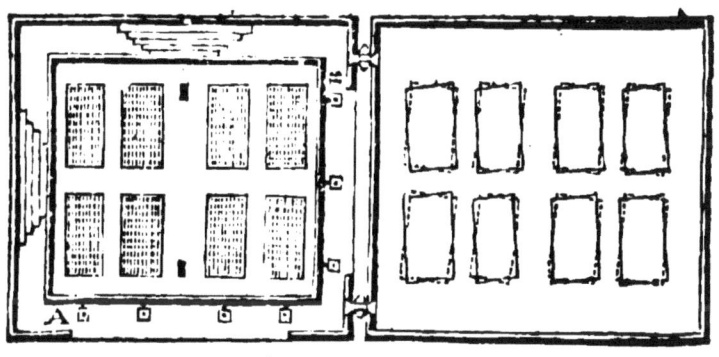

Nach dieser Figur liegt die Forme schief, und wird von der Ecke B links herum nach A gedreht, indem man mit der rechten Hand an die Eckschraube bei B, und mit der linken an die Eckschraube bei A, faßt, und mit jener nach dem Tiegel hin schiebt, mit dieser aber herunter zieht. Trifft sich der umgekehrte Fall, daß nämlich die

erste

erſte Schattirung ſo wie jetzt die zweite, und die
zweite ſo wie jetzt die erſte ſteht, ſo wird die Forme von A nach B geſchoben.

Dritte Figur.

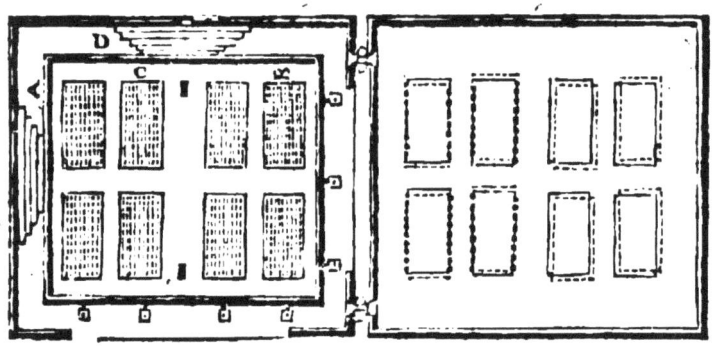

Ein ſolch geſtaltetes Regiſter trifft ſich zuweilen im
Wiederdruck, wenn der Schöndruck nicht gehörig
zugerichtet geweſen iſt. Die vier Columnen linker
Hand ſtehen an den Seiten, und die vier zur rechten wollen etwas rechtshin gerückt ſeyn; man nimmt
daher aus dem Capital beim Tiegel A ſo viel heraus,
als an den Seiten der vier rechts ſtehenden Columnen die zweite Schattirung von der erſten ab-
ſteht, ſchließt dann die Forme auf und legt eben
ſo viel, als man aus dem Capital herausgenommen hat, in die Form am Mittelſtege herunter;
denn

denn dieser ist gegen den bei dem Schönbruck in der Forme geworfenen zu schmal; darauf legt man über der Eck-columne zur rechten Hand B und über der am Mittelsteg stehenden linker Hand C noch einmal so viel ein, als das Register vorschlägt, schließt die Forme wieder zu, nimmt dann aus dem obern Capital D halb so viel heraus, als man über jede der beiden Columnen in die Forme gelegt hat, und rückt dann die ganze Forme hinauf.

Vierte Figur.

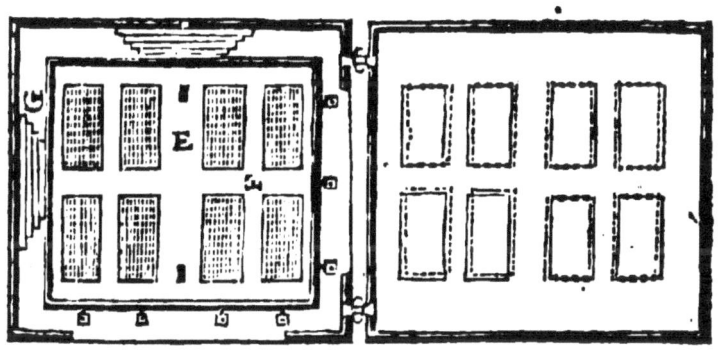

Wenn sich im Wiederdruck ein solches Register zeigt, so ist der Mittelsteg E und der rechter Hand in der Forme liegende Kreuzsteg F zu breit; wenn beide mit schmälern verwechselt sind und die Forme wieder zugeschlossen ist, legt man in das Capital

pital beim Tiegel G so viel ein, als das Register im Mittelsteg bei den Columnen rechter Hand vorschlägt.

Nach diesen vorliegenden Fällen wird es einem Lehrling nicht schwer fallen, sich selbst mehrere zu denken, und nach der gegebenen Anweisung dabei zu verfahren. Weiß man nur erst, wie man es anfangen muß, so mag der Vorfall seyn, wie er will, und das Format mag seyn, welches es wolle, es werde umschlagen oder umstülpt zugerichtet, man wird immer zu seinem Zweck kommen; freilich anfänglich langsamer, doch aber gewiß. Ich glaube daher nicht, daß es nöthig sey, hier noch mehrere Figuren folgen zu lassen, sondern halte es für nützlicher, wenn ich nun Anweisung gebe, wie nach dem Zurichten weiter zu verfahren sey; vorher will ich nur noch eine Anmerkung hersetzen, die auf das eigentliche Zurichten Bezug hat, und nicht so unwichtig ist, daß sie übergangen werden dürfte.

Es wird nämlich jetzt sehr viel darauf gesehen, daß der Druck gerade stehe, und es trägt auch

viel

viel zur Zierde eines Buches bei, wenn alle Seiten und Zeilen desselben genau auf einander passen und gerade in der Linie stehen. Dies zu bewirken, thut man wohl, wenn man den Schöndruck jedes Bogens umschlagen und umstülpt zurichtet; denn umschlagen oder umstülpt allein kann ein Bogen ganz genau zugerichtet seyn und die Columnen können dennoch schief stehen. Um sich hiervon zu überzeugen, lege man nur oben über jede Eck-columne, zwischen der Rahme und den obern Anlegestegen, gleich viel ein, und ziehe einen Bogen umschlagen ab: so wird man finden, daß das Register steht, ungeachtet die vier äußern Columnen um so viel herunter hängen, als man eingelegt hat; wird der Bogen aber umstülpt, so findet man, daß alles krumm über einander steht, und daß das Register noch einmal so viel vorschlägt, als eingelegt worden ist. Es ist also gar nicht überflüssig, wenn man umschlagen zurichtet, auch umstülpt zuzurichten, oder umgekehrt: wenn man umstülpt zurichtet, auch umschlagen zuzurichten. Ueberdies kann auch der Wiederdruck eines solchergestalt zugerichteten Schöndrucks ohne Schwierigkeit in einer andern Presse gedruckt wer-

werden, wenn nämlich an dieser Presse auf ähnliche Art zugerichtet wird. Man hat dann nicht erst nöthig, die Puncturen zu versetzen, das Rähmchen auszuschneiden oder ganz zu zerreißen, wie dies sonst nicht selten der Fall ist, sondern alles bleibt, wie es war, ohne alle Veränderung. Bei dem Wiederdruck ist es nicht nöthig, daß man umstülpt und umschlagen zurichtet, weil sich es dabei schon nach dem Schöndruck zeigt, wo es krumm steht, und wo irgend etwas gerückt werden müsse.

Hat man nun auf die beschriebene Weise zugerichtet und die Forme eingekeilt: so zieht man den Revidirbogen ab, siehet auf demselben nach, ob sich etwas schneidet, oder von dem Rähmchen etwas auf die Schrift gehet, oder ob etwas zu verkleistern ist, Träger zu legen sind, oder ob an dem Register noch eine Kleinigkeit zu ändern ist: übergibt dann den Revidirbogen dem Setzer, und schließt die Forme auf, damit dieser die im Revidirbogen noch etwa gefundenen Fehler verbessern und die Forme aufs Fundament gerade geklopft werden könne.

Hat man ein neues Rähmchen angeschlagen, so trägt man, ehe man den Revidirbogen abzieht, mit

mit einem Ballen rings auf der Forme herum auf, zieht noch einmal blind ab und schneidet dann das Rähmchen so weit aus, als sich darauf von der Forme die Schrift abgedruckt hat, und schnitzet von tannen Schließholz, Kuhnrußbutten-stäben oder dergleichen, Stege, die um einen guten Strohhalm breit schmäler sind, als die in der Forme liegenden. Ihre Dicke muß so beschaffen seyn, daß wenn man sie auf die Stege in der Forme legt, sie mit der Schrift gleich oder etwas niedriger, aber ja nicht höher sind. Ihre Länge richtet sich nach der Länge und Breite des Rähmchens. Den Mittelsteg paßt man dann zuerst auf das Rähmchen, bohrt durch denselben die Löcher, durch welche die Punctur-spitzen gehen sollen, umschneidet diese unterhalb etwas, damit die Punktur-löcher im Papiere nicht so leicht ausreißen, dann rundet man seine Enden, die unten und oben über das Rähmchen einen Fingerbreit überragen müssen, halbmondförmig ab, und kerbt ihn, damit beim Anbinden der Bindfaden nicht abglitscht, zu beiden Seiten, unten und oben über dem Eisen des Rähmchens, etwas ein, und bindet ihn mit dünnen Bindfaden kreuzweis auf das

Rähm-

Rähmchen fest. Bei diesem Aufbinden muß man ihn aber, so viel möglich, in den Punctur-spitzen liegen lassen, damit diese nachher in die durchbohrten Löcher passen und keine neuen gebohrt oder die gebohrten vergrößert werden dürfen. Sollte das Letztere ja der Fall seyn, so thut man besser gleich einen andern Mittelsteg zu schnitzen; denn große Puncturlöcher im Mittelsteg des Rähmchens verursachen auch große Punctur-löcher im Papiere, und sind diese entstanden: so kann kein Drucker gutes Register halten.

Dies veranlaßt mich, hier auch des Puncturschlagens zu erwähnen, womit viele Drucker ihr Register zwingen wollen. Indem die Puncturen bald herunter, bald hinauf geschlagen werden, vergrößern sie nicht nur im Mittelsteg des Rähmchens die Löcher, und brechen dadurch auch wol die Scheeren ab, sondern der Drucker erschwert sich dadurch auch das Zurichten einer folgenden Forme, weil sie aus der Mitte kommen und dann die Forme auf dem Fundament schief gelegt werden muß. Die Puncturen muß man sich beim Zurichten als unbeweglich denken, und alles das mit

Rük-

Rückung der Forme bewirken, was man mit dem Punctur-schlagen bewirken will.

Unter dem Mittelsteg wird der Kreuzsteg durchgezogen und mit seinen gespitzten Enden in die, mit einem spitzigen Messer bei dem Eisen des Rähmchens durch die Verkleisterung gemachte, Oefnung gesteckt, und am Mittelstege übers Kreuz festgebunden. Mit den Bundstegen verfährt man auf gleiche Weise; man zieht sie unter dem Kreuzstege durch und bindet sie an demselben fest. Da, wo die Stege über einander liegen, wird jeder derselben um die Hälfte seiner Dicke eingeschnitten, so, daß der Einschnitt des einen, über den des andern faßt, und beide Stege, wo sie über einander liegen, nur die Dicke von einem ausmachen. Geschieht dies nicht, so hält diese Erhöhung beim Drucken den Druck von der Forme ab und man ist mit allen Leibeskräften nicht vermögend die Farbe von der Forme abzuziehen; der Druck geht auf die Stege und das Papier erreicht die Buchstaben nur wenig. Gemeiniglich entsteht daher auch das Schmitzen (Doppliren); denn da das Papier nicht auf den Buchstaben festliegt, sondern

zwi-

zwischen demselben und den Buchstaben gleichsam eine Höhlung ist, und das Papier nur durch den scharfen Druck auf die Buchstaben gebeugt wird: so zieht es sich, wenn der erste Satz gezogen ist, gleich wieder von den Buchstaben ab, und beim zweiten legt es sich wieder etwas, und zwar verzogen darauf, und verursacht dadurch die Dopplirung.

Wenn die Stege in das Rähmchen gezogen sind: so legt (kleistert) man auf die Verkleisterung desselben, wo sie an die Columnen gränzt, ringsumher Träger (Hölzchen), die so dick als die, in das Rähmchen gezogenen, Stege, und etwa einen guten Zoll breit sind, und verhütet damit, daß sich die Columnen unten und an den Seiten nicht stärker abdrucken als in der Mitte. Hat man in einer Form ein Vacat, halbe Columnen oder dergleichen, so werden auch diese verkleistert und mit Trägern gegen zu starken Druck verwahrt. Bei Versen und andern weitläuftigen Arbeiten ist dies um so nöthiger, weil sich sonst die meisten Zeilen an ihren Enden durch das Papier drucken würden.

Ist

Ist man mit den Träger=auflegen und überhaupt mit dem Rähmchen fertig, so schließt man die Forme zu, steckt, damit die Schrauben nicht aufgehen, einen dicken Drath durch ihre Löcher, zieht noch einmal blind ab, damit sich die Träger festsetzen, wischt den Kleister, der sich davon auf die Stege in der Forme gezogen hat, ab, und druckt dann fort.

8.
Vom eigentlichen Drucken.

Das Drucken ist eine den Körper sehr angreifende und ermüdende Arbeit. Es taugt daher nicht jede Körper-constitution zu diesem Geschäfte. Ein schwacher, weichlicher Körper hat die Kräfte nicht, die dazu erfordert werden. Wer sich daher diesem Geschäfte widmen will, muß durchaus einen gesunden, starken und dauerhaften Körper haben. Indeß ersetzen sehr oft eine ungezwungene Leichtigkeit und Gewandheit des Körpers, und eine gewisse Fertigkeit, die man durch Uebung und Gewohnheit erhält, und eine natürliche, freie Bewegung der Arme, diese, sage ich, ersetzen sehr oft das, was an physischen Kräften fehlt. Man sieht oft sehr schwächliche Leute, die, ohne daß sie zu sehr abgemattet werden, diese Arbeit mit vieler Leichtigkeit verrichten.

Das Drucken selbst besteht in Auftragen und Ziehen. Das Auftragen geschieht mit den S. 38 beschriebenen und Tab. II. abgebildeten

Bal-

Ballen. Man überreibt diese mit Farbe, die man auf die in der Presse liegende Form bringt. Dies Letztere heißt in der Buchdrucker-sprache, auftragen. Es geschieht auf folgende Weise: Man nimmt mit der linken Hand den untern Ballen, mit der rechten den obern, so, daß der Daumen und Zeigefinger der linken Hand zunächst der Scheibe des untern; der kleine Finger und die Wulst der rechten Hand aber zunächst der Scheibe des obern Ballen zugekehrt sind; tunkt mit letzterm sanft in den Farbestein, damit sich etwas Farbe daran hänge; zuvor aber muß man die Farbe selbst in dem Farbestein mit dem Farbe-eisen dünne vorstreichen (außstreichen); diese Farbe reibt man zwischen den beiden Ballen so lange, bis sie überall auf denselben und zwar überall gleich und auf das feinste verbreitet ist.

Bei diesem Reiben lehnt man den untern Ballen oberwärts etwas vom Körper ab, bewegt den obern über den untern immer gerade über und in einem halben Zirkel, von der linken zur rechten Seite, wieder zurück und dreht, um die Farbe überall gleich zu vertheilen, den obern rechts und

den

den untern links in der Hand herum. Glaubt man nun die Farbe überall gleichmäßig zerrieben zu haben, so faßt man den untern Ballen, eben so, wie den obern, legt die Daumen an den Stielen hinauf, und setzt sie nun auf die Form, die ich als Octav-format annehme, und zwar den untern, oder den Ballen in der linken Hand, auf die erste Reihe beim Tiegel; den obern, oder den in der rechten Hand, auf die dritte Reihe; geht so mit beiden zugleich in kurzen Sätzen gerade hinauf, auf der zweiten und vierten Reihe herunter, und wieder hinauf, und auf der ersten und dritten wieder herunter.

Bei diesem Auf- und Abgehen (Auftragen) muß man die Arme nicht steif oder krumm halten, es bedarf auch nicht der ganzen Muskelkraft der Arme, oder der gänzlichen Spannung aller Sehnen; man muß die Arme nur frei vom Leibe halten, und so die Ballen auf der Forme gleichsam walzend weiter führen. Man beugt nämlich die Ballen beim Fortrücken auf der Form von sich ab, gerade über, setzt sie dann, ohne einen sehr merklichen Absatz zu machen, wieder gerade auf die

G Forme,

Forme, und führt sie, eben so wieder übergebogen, auf derselben fort. Dabei tritt man mit dem rechten Fuß an den, unter der Presse befindlichen, Antritt, und beugt, damit die Arme immer schlank gehalten werden können, den Körper, so, wie es das Hinauf- oder Heruntergehen der Ballen nöthig macht, d. h. bald zu der Form über, bald von derselben ab. Die Ballen hebt man bei jedem Absetzen nur so weit in die Höhe, als nöthig ist, sie zu einem neuen Fortrücken wieder ansetzen zu können; man hält sie dabei so eng zusammen, daß ihre Mitte gerade auf die Mitte der Columnen kommt. Bei diesem Auftragen muß man nun mit den Ballen nicht zu weit über die Schrift hinaus, auf die Stege und Rahme, gehen; denn theils wird dadurch das Auftragen selbst erschwert, theils die Schrift mit Papierfasern, Rost u. dergl. was sich von den Stegen und der Rahme an die Ballen hängt, verunreinigt. Je enger man sich also die Gränzen auf der Forme setzt, desto besser trägt man auf, und desto geschwinder wird man fertig, und man hat nicht nöthig weite Sprünge mit den Ballen zu machen, wodurch sehr leicht Stellen auf der Forme übersprungen werden können;

nen; die Arbeit selbst wird dadurch erleichtert, und der Abdruck sauber und rein ausfallen.

Das beste Mittel, einen Lehrling zu gewöhnen, mit den Ballen nicht zu weit über die Schrift hinaus zu gehen, ist: ihm auf der Rahme oder auf den Stegen in der Forme mit Kreide die Gränzen zu bezeichnen, in welchen er bleiben muß. Wenn man ihm nun noch dazu die Sätze vorzählt, die er von der einen Gränze bis zur entgegengesetzten zu machen hat, so wird sich der Lehrling um so viel leichter und geschwinder zu einem gewissen, gleichmäßigen Gange gewöhnen, der zum guten Auftragen durchaus erfordert wird.

Nimmt man die Ballen von der Forme, so werden sie einigemal übergerieben und so lange auf den Ballenknecht gestellt, bis abgezogen ist, und wieder aufgetragen werden muß. Ehe sie aber hingestellt werden, sieht man erst auf denselben umher, ob etwa Buchstaben darauf liegen; denn wenn zuweilen Zeilen in der Forme sind, die entweder der Setzer nicht recht ausgeschlossen hat, oder die wegen Spannung eines Steges lose in der Forme stehen: so ist es leicht

leicht möglich, daß sich Buchstaben daraus in die Höhe ziehen und an den Ballen hängen bleiben; wodurch alsdann, wenn nicht darauf geachtet wird, Fehler entstehen können, wofür weder der Corrector noch der Setzer verantwortlich ist.

Wenn zwei Drucker an einer Presse arbeiten, so stellt sich der, welcher aufträgt (der Ballenmeister), so lange der andre (der Preßmeister) zieht, neben die Ballen, und faßt mit der linken Hand an den Stiel des untern Ballen, damit er, wenn sein Mitarbeiter den letzten Satz gezogen hat und herausfährt, die Ballen sogleich habe, und, wenn der Deckel aufgehoben wird, mit denselben gleich wieder auf der Forme seyn (wieder auftragen) kann. Den linken Fuß setzt er, wenn er neben den Ballen steht, etwas vor den rechten, und thut bis zur Forme drei Tritte; mit dem dritten Tritte steht er mit dem rechten Fuß an dem Antritte und setzt zu gleicher Zeit die Ballen auf die Form. Beim Abgehen von der Forme geht er mit eben so viel Tritten rückwärts, wieder an seine vorige Stelle. Wem dies eine unbedeutende Kleinigkeit, oder gesuchte Künstelei scheinen mögte, der würde we-

wenig Bekanntschaft mit diesem ganzen Geschäfte verrathen. Ein gewisser gleichförmiger Gang oder Handgriff bei einer Sache, der am Ende, durch öfteres Wiederholen, mechanisch und eben daher leicht wird, erleichtert auch die Arbeit selbst bei so manchen Geschäften. Dieses — Taktmäßige — so will ich es indeß nennen, bewirkt Regelmäßigkeit und Geschwindigkeit; macht, daß man nicht so bald bei der Arbeit ermüdet, welches unfehlbar geschehen würde, wenn man sich ungewissen und ungemessenen Schritten überlassen, oder hin und her trippeln wollte, um zur Forme zu kommen, oder von derselben zurück zu treten.

Die in der Presse befindliche Forme bestimmt jedesmal das Maaß der zu nehmenden Farbe; um zu verhüten, daß nie zu viel genommen und die Forme damit voll geschlagen werde, muß sie mit dem Farbe-eisen im Farbestein oft dünn ausgestrichen, und mit den Ballen nie mehr als einmal in dieselbe getunkt werden.

Ist die Forme weitläuftig, oder besteht der Satz aus feiner Schrift, so nimmt man etwa, so

oft

oft drei oder vier Bogen abgezogen sind, ein wenig Farbe; bei engen oder mit grober Schrift gesetzten Formen aber allemal bei dem zweiten oder dritten Bogen. Wenn man das nicht beobachtet, und zu viel Farbe auf einmal nimmt, und damit 6, 7 Bogen aufträgt, so wird der Abdruck sehr ungleich, die eine Seite des Bogens sehr schwarz, und die andre blaß und unleserlich werden. Denn eben der Bogen, zu welchem im Schöndruck Farbe genommen wird, und der eben daher schwarz ausfällt, kann im Wiederdruck gerade der letzte seyn, zu welchem mit der bei den vorigen Bogen schon genommenen Farbe aufgetragen wird, und eben daher gegen die erste abgedruckte Hälfte ganz blaß ausfallen. Wie abstechend und widrig eine ganz blasse, gegen eine ganz schwarze, Seite ist, bedarf wol keiner Erinnerung. Wer nur einigen Geschmack an einem guten Druck hat, wird sich das leicht versinnlichen können. Es gibt Drucker, welche glauben, daß, wenn man zu viel Farbe genommen habe, dieser Fehler, und das Zuschwarzwerden, durch das Auftragen selbst wieder gut gemacht werden könne, indem man nur nöthig habe, etwas loser aufzutragen;

aber

aber sie irren sich. Man mag lose oder mit dem gehörigen Drucke auftragen, der Ueberfluß der Farbe auf den Ballen, bleibt immer auf der Oberfläche der Buchstaben hängen, und der Unterschied ist nur der: wenn gehörig aufgetragen wird, so wird die ganze Oberfläche, wenn lose aufgetragen wird, nur ein Theil derselben geschwärzt. Auf einige Stellen der Schrift setzen sich ganze Klümpchen Farbe, und auf andre kommt gar keine, oder zu wenig. Der Abdruck hat dann das Ansehn, als ob die Farbe auf die Buchstaben gewischt wäre, und wird also häßlich und schmutzig, das wird aber vermieden, wenn die Farbe auf die Buchstaben überall gleich aufgetragen wird. Hat man aus Versehn einmal zu viel Farbe genommen, so muß man lieber die Ballen abputzen und sie nicht auf die Forme bringen.

Um alle Bogen gleich schwarz zu drucken, nehmen solche Drucker, die von ihrer Arbeit Ehre haben wollen, auch dann keine Farbe, wenn beim Deckel neu eingestochen wird; denn der erste Bogen des neu eingestochenen Papiers druckt sich doch schon, weil das Papier noch lose im Deckel liegt,

schwär-

schwärzer ab, als die folgenden, auf welche der Druck schon ein gewisses Gepräge von der Forme gebildet hat. Hat man eine Forme in der Presse, in welcher sich Columnen befinden, die gröbere Schrift, als der übrige Text, haben, so trägt man, um jene dieser gleich zu schwärzen, ehe man alles aufträgt, mit dem Ballen, der auf die feine Schrift kommt, erst auf die grobe Schrift auf, (trifft vor). Eben das beobachtet man auch bei Tabellen- und Linien-formen. Die Ueberschriften (Köpfe) derselben werden vorgetroffen, die Linien mit den Ballen aber nur wenig berührt.

Hat man aufgetragen, so geht man an den Deckel *), untersucht noch einmal den Einstechbogen, ob er gleich gefalzt und gleich eingestochen ist; steckt, damit er sich nicht verschiebe, in die Puncturen über denselben, entweder Stückchen Pergament, von der Größe eines Würfels, oder in dessen Ermanglung, doppelt zusammengeschlagne, viereckige Stückchen Schreibpa-

---

*) Wenn zwei Drucker an einer Presse sind; so bleibt der, welcher aufgetragen hat, neben den Ballen stehen, und der andere besorgt das, was zum Ziehen gehört.

papier; nimmt dann eine Abtheilung (⅛ Buch) Papier vom Haufen, legt die etwa darin befindlichen ungleich liegenden Bogen gerade, kehrt sie um (umschlägt sie), damit der oben gelegene, oft schon etwas trocken gewordne Bogen unten hinkommt, und sticht sie genau nach dem Einstechbogen ein. Dabei muß man aber die Finger dicht zusammen halten, und die Nägel derselben dicht an den Punctur-spitzen hinunter gleiten lassen; widrigenfalls entstehen in dem Papiere, besonders wenn es mürbe ist, und die Punctur-spitzen nicht recht spitzig sind, große Punctur-löcher, welche verhindern, im Wiederdruck gutes Register zu halten. Aus eben dem Grunde darf man auch beim Einstechen des Papiers weder zu stark noch zu lose anziehen. Ist aus Versehen eine Abtheilung schief eingestochen worden, so muß man sie umstechen, und die ersten Punctur-löcher, damit man sie im Wiederdruck kenne, mit den Nägeln ausstreichen.

Alles Papier hat eine Ecke, die länger als die andern ist, und der Gautsch-ecke, welche daran kenntlich ist, daß sie runzlich aussieht, quer über sich befindet. Diese lange Ecke muß man, um desto gleicher einzustechen, immer auf die

Prime zu bringen suchen; man erhält dadurch auch den Vortheil, daß die Bogen, weil sie einerlei Lage bekommen, beim Aufheben und Zusammenschlagen der Lagen *) sich gerader aufstoßen lassen.

Wenn eingestochen ist, streicht man die etwa auf dem obersten Bogen befindlichen Runzeln und Falten aus, macht das Rähmchen und den Deckel zu und zieht den Bogen ab. Dabei geht man denn folgendergestalt zu Werke: man tritt mit dem rechten Fuß an den Himham **), damit dieser das Rähmchen auf den Deckel schnelle, fängt letzteres

---

*) Eine Lage sind 5, 6 oder 7 auf einander folgende Bogen von einem Buche, die auf einander gelegt (aufgehoben) und dann zusammengelegt (zusammengeschlagen) werden.

*) Der Himham ist ein 1½ bis 2 Fuß langes und 2 Zoll breites Brettchen, durch welches unten und oben ein Loch geschnitten ist; durch jedes dieser Löcher ist ein Strick bis zur Hälfte durchgezogen, zusammengeflochten und die Enden dieser beiden Stricke, das eine an der Decke der Druckerei, oder sonst oberhalb der Presse, das andere an einer auf den Fußboden genagelten Schuhsohle befestiget.

teres mit der linken Hand, mit der rechten ergreift man den Griff des Deckels; schreitet, während man das Rähmchen mit der linken Hand zumacht, und den Deckel mit der rechten auf die Forme zu legen im Begriff ist, mit dem linken Fuß bis zu dem Antritt und mit dem rechten an denselben; so wie man den Deckel niederlegt, ergreift man auch schon mit der linken Hand die Kurbel, und während daß man damit den Karrn auf den ersten Satz unter den Tiegel fährt, faßt man mit der rechten nach dem Bengel und zieht den ersten und dann den zweiten Satz. Sobald der letzte Satz gezogen ist, dreht man mit der linken Hand die Kurbel einmal schnell herum, so daß der Karrn ganz herausläuft, schreitet zu gleicher Zeit auch wieder zurück, hebt mit der linken Hand *) den Deckel, bis sich der Bogen von der Forme gelöst hat, etwas langsam, dann geschwind in die Höhe, wirft ihn der rechten Hand zu,

---

*) Wenn ein Drucker allein an der Presse arbeitet, so hebt er mit der rechten Hand den Deckel auf und ergreift während des mit der linken die Ballen zum Auftragen.

zu, und macht, während diese ihn fängt, und auf den Deckelstuhl niederlegt, mit der linken das Rähmchen auf. Beide Hände müssen sich immer zu gleicher Zeit und jede mit etwas anderm beschäftigen, außerdem würde man des Tags über nur eine geringe Bogenzahl fertigen und doch sehr ermüden.

Ist der erste Bogen abgezogen, so sieht man auf demselben umher, ob sich alle Columnen ausgedruckt haben und jeder Buchstab rein und mit gehöriger Schwärze da steht. Findet man alles untadelhaft, so legt man den Bogen aus, und streicht zu dem Ende mit den Nägeln des Mittel- und Goldfingers der linken Hand über die untere linke Ecke desselben, damit sie sich in die Höhe gebe; legt aber, wenn dies geschieht, die rechte Hand neben der Punctur-spitze auf den Bogen, damit sich durch das Streichen das Punctur-loch nicht groß ziehe; ergreift sie dann mit dem Daumen und Zeigefinger und hebt so den Bogen aus der untersten Punctur, faßt mit dem Daumen und Zeigefinger der rechten Hand die andere untere Ecke und legt den Bogen vor sich auf die

Aus-

Auslegebank, auf die man vorher einen alten Dek­kel und einige angefeuchtete Bogen graues Macu­latur gelegt hat. Beim Auslegen muß man die Bogen nicht wie Kraut und Rüben über einander werfen, sondern sie gerade auf einander legen; die aus dem Haufen hervorstehenden Ecken werden sonst trocken, ziehen sich krumm und verhindern als­dann beim Wiederdruck, daß der Bogen leicht in die Punctur-spitzen fällt; auch lassen sich die schief ausgelegten Bogen beim Aufheben und Zusammen­schlagen der Lagen nicht gut aufstoßen (gerade stoßen).

Ist der Abdruck nicht so beschaffen, wie er beschaffen seyn muß, wenn er von der Geschick­lichkeit des Druckers zeugen soll; finden sich matte Stellen oder gar ganze Columnen auf demselben, die gegen die andern zu schwach ausgedruckt sind; oder ist der Druck schmitzig oder schmierig: so muß diesem allen erst abgeholfen werden, ehe man weiter druckt. Dies kann aber nicht anders geschehen, als wenn man die wahre Ursache zu erforschen sucht, wodurch die Fehler entstanden sind, und alsdann die rechten Mittel anwendet,

sie

sie zu verbessern. Die meisten Fehler des Drucks aber sind von der Art, daß sich aus ihrem Ansehen nicht immer alle ihre Ursachen erklären lassen, und es ist für einen Anfänger schon schwer, zu beurtheilen: ob nicht recht aufgetragen (gefehlt) ist, oder ob Buchstaben in der Forme zu niedrig stehen; ob Stellen gar nicht aufgetragen (Mönche geschlagen) sind, oder ob sie wegen zu nassem Papier keine Farbe angenommen haben (ersoffen sind); ich habe deswegen auch diesem Abschnitte einige Blätter angehängt, auf welchen für einen Anfänger das eine und das andere versinnlicht ist; noch schwerer aber wird es ihm fallen, die wahre Ursache zu errathen, wodurch blasse oder spricklige Stellen beim Drucken entstehen, und das rechte Mittel zu finden, womit er bewirken kann, daß sie den andern gleich sich ausdrucken. Das einzige Mittel, dessen er sich bedienen wird, und das, leider! die meisten Drucker sogleich ergreifen, wird das **Unterlegen** seyn; obschon dies immer das letzte seyn müßte, wozu man seine Zuflucht nähme. Denn es ist nicht immer der Fall, daß der Tiegel und das Fundament Vertiefungen habe, wodurch beim Druck sprickliche Stellen verursacht werden,

denen

denen man durch Erhöhungen im Deckel abhelfen müsse. Blasse und spricklige Stellen oder Seiten werden auch verursacht, durch trocknes Papier, durch zu dicke Stege im Rähmchen (wie ich bereits S. 26 und S. 92 erwähnt habe), durchs Verfahren, Hängen des Tiegels, des Ober- und Unterbalkens ꝛc. wollte man sich überall mit Unterlegen helfen: so würde man ganze Körbe voll Unterlagen brauchen und doch seinen Zweck verfehlen. Es ist daher durchaus nöthig, wenn man auf dem abgedruckten Bogen mehrere beträchtliche Stellen wahrnimmt, die sich nicht gehörig ausgedruckt haben, und nicht genau weiß, wodurch sie verursacht sind, erst an der Presse zu untersuchen, ob alle ihre Theile gerade auf einander wirken.

Man nimmt dazu eine Setz- oder Bleiwage und untersucht damit zuerst den Unterbalken und das Laufbrett, ob beide gerade liegen und nicht nach einer Seite hängen, findet man, daß dies der Fall ist, so sucht man beide durch dünne, breite Keile oder breit geschnittne Stückchen Pappe gerade zu bringen. Ist das Zapfenloch aber nicht so groß, daß ein Keil oder Stückchen Pappe unter den

den Zapfen des Balken geschoben werden könnte: so muß man einen Tischler zu Hülfe nehmen, und von demselben das Loch erweitern lassen.

Sollte sich beim Ziehen der Oberbalken an einer Seite mehr, als an der andern in die Höhe heben, so ist der Druck an der Seite, wo er höher geht, schwächer, als an der andern; um ihn gleich zu machen, läßt man von einem Andern ziehen, und von ihm den Bengel so lange halten, bis man die Unterlagen unter dem Balken hervor hat, worauf sich denn der Balken herunter gibt; dann legt man an der Seite, wo er sich zuvor höher hob, zu der Ueberlage so viel Stückchen Pappe, als man für hinlänglich hält, ihn mit der andern Seite gleich zu machen. Darauf läßt man wieder ziehen, und steckt die Unterlagen wieder hinein.

Liegt das Fundament nicht gerade im Kasten, so wird dadurch ebenfalls, ein sich überall gleicher Druck verhindert. Um das also gerade zu bekommen, wird es da, wo es hängt, durch Unterlagen von Pappe erhöht. Um zu erfahren, ob es gerade liege, bedient man sich der Bleiwage. In

Er-

Ermangelung derselben, nehmen einige Drucker einen Schwamm, lassen durch denselben Wasser auf die Mitte des Fundaments fallen, und sehen zu, ob es sich nach mehrern Seiten, oder nur nach einer ausbreite, oder ob es in der Mitte stehen bleibe.

Ist der Tiegel schief angebunden, so drückt er auch nach der Seite, wo er sich senkt, stärker, als nach der entgegengesetzten hin, wo er in die Höhe steht. Diesen Fehler kann man am besten bemerken, wenn man Quadraten, die gleiche Höhe haben, auf ihre hohe Seite, auf die Stege in der Forme legt, so, daß sie über die Schrift hervorragen, dann die Forme unter den Tiegel fährt und den Bengel langsam niederläßt. Setzt der Tiegel nicht zu gleicher Zeit auf alle Quadraten, so läßt man die Schrauben der Stangen des Schlosses, an welche der Tiegel gebunden ist, da, wo der Tiegel später aufsetzt, oder höher steht, etwas los, und schraubt da, wo der Tiegel hängt, die übrigen etwas nach. — An Pressen, die kein Schloß mit vier Stangen, oder gar noch Büchsen haben, an welche die Haken, woran der Tiegel ge-

gebunden wird, festgenagelt sind, läßt sich dies nicht so leicht abändern. Hier muß der Tiegel ganz ab- und von neuem wieder angebunden werden; und zwar folgendergestalt: man fährt den Karrn meist so weit hinein, daß der Tiegel auf die Mitte des Deckels kömmt, bindet ihn ab, unterlegt ihn da, wo er herunter hängt, mit Stücken Pappe, die nicht zu klein seyn dürfen, läßt dann den Bengel langsam herunter, und rückt den Tiegel so, daß der Zapfen gerade in das Loch des Pfännchens tritt; zieht dann den Bengel mit aller Kraft an, und bindet ihn mit einem Stricke an der vordern Preßwand und dem Ballenknechte fest; nimmt dann die Schnüre, mit denen der Tiegel angebunden gewesen ist, und bindet ihn wieder aufs neue recht fest und zwar zuerst da an, wo er vorher herunterhing.

Setzt der Tiegel gerade auf, schiebt sich aber beim Aufsetzen vor- oder rückwärts, so liegt die Schuld am Schlosse, das entweder nicht eng genug an die Spindel schließt, oder in der Brücke zu viel Spielraum hat. Ist jenes der Fall, so muß solches durch einen Schlosser verbessert werden; ist dieses aber, so schnitzt man Keile und

steckt

steckt sie in die Brücke, um die Stangen, aber so, daß die Stangen dadurch nicht nach einer Seite getrieben werden, sondern daß sie, wenn gezogen wird, sich gerade herunter und hinauf ziehen. Tiegel und Schloß muß überhaupt gar nicht gerüttelt und geschoben werden können.

Wenn man die Presse einmal in gehörigen Stand gesetzt, und für das Papier gehörig gesorgt hat, daß es überall gleich feucht ist, und wenn man die Stege im Rähmchen nie zu dick schneidet: so wird es wenig Mühe mehr kosten, gleichen Druck zu erhalten; man muß dann nur noch dahin sehen, daß nicht verfahren, sondern jedesmal so weit hineingefahren werde, daß der Tiegel bei jedem Satze die Hälfte der Form unter seine Mitte faßt; widrigenfalls druckt sich die Seite, auf welcher der Tiegel überhängt, sehr stark, die andere dagegen nur matt aus. Anfängern bezeichnet man mit einem Kreidenstrich auf dem Deckel, wie weit sie fahren müssen.

Drucken sich, nach Beobachtung alles Obigen, dennoch einzelne Stellen auf dem abgezogenen

Bogen nicht aus, so hat entweder der Tiegel oder das Fundament Vertiefungen, die dieses verursachen, oder es liegt auch am Deckel oder Filz, wenn diese etwa nicht überall gleich sind. Da sich das nun aber ohne viele Umstände nicht abstellen läßt, und es wenige Tiegel und Fundamente gibt, die ganz ohne irgend einen Fehler wären: so muß man sich damit helfen, daß man die Stellen, welche sich schwächer, als die übrigen ausgedruckt haben, im Deckel zu erhöhen sucht. Dazu nimmt man Stückchen graues Maculatur, die nicht knotig sind, paßt sie genau auf die blassen Stellen, daß sie weder größer noch kleiner sind und legt sie unter das graue Maculatur, auf den eingelegten Deckel, aber ja genau, unter die schwach ausgedruckten (nicht gekommnen) Stellen. Würden die Unterlagen weiter hin ragen und unter einen Theil des gut Ausgedruckten kommen, so verbessert man nicht nur nicht, was man verbessern wollte, sondern, weil man etwas erhöhet, das nicht erhöht werden darf, macht man es nur noch schlimmer. Die Buchstaben der unnöthig erhöhten Stellen kommen nun zu scharf, ihre Nachbarn dagegen gar nicht; unterlegt man auch diese so bleiben diese, daneben stehenhenben wieder aus, und am Ende muß man alles unterlegen, und fast jeder Buchstab bekömmt, wegen der mehr oder weniger erhöhten Stellen, ein anderes Ansehen. Wenn die Unterlage mehr als einfach nöthig ist, zwey oder dreifach seyn muß, so muß jedes Blatt etwas kleiner seyn und treppenförmig auf dem andern liegen, weil sonst die Erhöhung zu hoch abfällt und die angränzenden Buchstaben nicht kommen können.

Wenn der ganze Abdruck gleich blaß ist, so ist entweder zu mager aufgetragen, oder nicht stark genug gezogen. Im erstern Fall muß man etwas mehr Farbe nehmen lassen, und im zweiten seine Kräfte beim Ziehen etwas mehr anstrengen, und, wenn die Forme, welche man in der Presse hat, großes Format ist, oder aus stumpfer Schrift besteht, durchaus mit beiden Händen ziehen. Das Ziehen muß mit einem Schwunge geschehen, indem man den Körper gerade rückwärts wirft, mit dem rechten Fuß sich gegen den Antritt stemmt, und mit dem linken dem Körper das Gleichgewicht hält. Das Ziehen mit geradem Körper und krummen Armen gibt zu wenig Druck; inzwischen gibt es doch auch Fälle, wo man auf diese Art ziehen muß, z. B. bei Linien-formen, oder andrer weitläuftiger Arbeit, hier darf man durchaus nicht stark ziehen. Das Ziehen einiger Drucker aber, die, statt den Körper gerade zurück zu werfen, herunterwärts ziehen, als wenn sie sich auf den Fußboden setzen wollten, darf man nie nachahmen; denn auf diese Art gezogen, wirkt man, auch bei der äußersten Anstrengung aller Kräfte, nicht auf den Druck, wol aber kann man damit den Bengel und die Korbel abbrechen.

Wenn der Druck sich schmitzt, dopplirt, fletsch, oder wenn er schmierig ist, so ist das entweder das Rähmchen, der Deckel, das Ziehen, das Schloß, nasses Papier oder zu viel aufgetragene Farbe die Ursach davon. Das Rähmchen kann die Ursach seyn, wenn zu dicke Stege in dasselbe gezogen sind, wie oben (S. 92) bereits gesagt ist, wenn es nicht genau auf den Deckel schließt, oder wenn es sich in seinen Gewinden hin- und herschiebt; dadurch entsteht auch das Schneiden*). Damit das Rähmchen schließe

und

---

*) Es schneidet sich, wenn sich das Rähmchen auf die Columnen schiebt, und der Druck der Schrift und das Papier im Deckel festhalte, kann man es in der Mitte nach auswärts etwas krumm beugen; das Hin- und Herschieben im Gewinde verhindert man dadurch, daß man zwischen den Pflöcken, die durch das Gewinde gesteckt werden, Stückchen Ballenleder durchsteckt, und die Enden davon in die Zwischenräume des Gewindes beugt. — Durch den Deckel wird das Doppliren verursacht, wenn er schlaff ist, sich in seinem Gewinde hin- und herschiebt, wenn er nicht gerade zugelegt, und stark niedergeworfen wird; auch wenn er nicht gerade auf die Forme fällt. Dem Hin- und Herschieben im Gewinde hilft man eben so, wie beim Rähmchen, ab. Das Zulegen muß nicht mit steifem Arme und mit Gewalt, auch ohne Hin- und Herrücken geschehen. Um zu bewirken, daß der Deckel gerade auf die Forme falle, legt man ihn auf dieselbe (macht ihn zu), fährt den Karrn etwas über den ersten Satz unter den Tiegel, zieht den Bengel herüber, damit der Tiegel den Deckel unverrückt auf die Forme halte, schließt dann die

Schrift auf dasselbe und nicht auf das Papier kommt.

die Bänder am Kasten, an denen oben das Gewinde zum Deckel ist, los, läßt den Bengel etwas stärker anziehen, damit der Deckel gerade auf die Forme gedruckt werde und schließt die Bänder wieder fest. Durch das Ziehen wird Doppliren verursacht, wenn man beim Hineinfahren auf den zweiten Satz den Bengel nicht weit genug zurück gehen läßt und sich dadurch der Tiegel auf dem Deckel schleift; man muß daher, um dies zu verhüten, den Bengel allemal so weit zurückgehen lassen, daß der Tiegel, beim Hineinfahren auf den zweiten Satz, den Deckel nicht berührt. — Wenn das Schloß in der Brücke zu viel Spielraum hat, so schiebt sich beim Ziehen der Tiegel auf dem Deckel rück- oder vorwärts und verursacht dadurch ebenfalls das Schmitzen oder Doppliren. Wie dies zu verbessern sey, ist oben (S. 114.) gezeigt worden. Auch ist bereits hinlänglich dargethan, daß der Druck auf nassem Papier und mit zu viel aufgetragener Farbe häßlich und fletschig ausfalle, und daß man deswegen niemals nasses Papier bedrucken oder zu schwarz auftragen dürfe.

Hat

Hat man alle Fehler abgestellt, die einen gleichen und reinen Druck hindern, und ist man so weit gekommen, daß fortgedruckt werden kann: so muß man nun auch während des Fortdruckens darauf sehen, daß der Druck rein, und weder zu schwarz noch zu blaß werde, und zu dem Ende die Augen, sobald das Rähmchen aufgemacht wird, auf den abgedruckten Bogen richten und überall auf demselben umher sehen, ob man keine Putzen, Spieße (zwischen den Wörtern in die Höhe gestiegene Spatia) u. dergl. entdeckt, oder ob nicht etwa der Ballenmeister gefehlt, die Farbe nicht gehörig gerieben oder zu schwarz aufgetragen habe. Man darf nie sorglos fortdrucken und zufrieden seyn, wenn nur etwas seitenähnliches auf dem Papiere steht, sondern einen jeden einzelnen Buchstaben einer besondern Aufmerksamkeit werth halten. Zu gleicher Zeit muß man auch dahin sehn, daß sich das Register nicht verändere, und da es leicht möglich ist, daß durch die Erschütterung des Auftragens die Keile losgehen, öfter untersuchen, ob sie noch fest sind und ob die Forme noch ihre vorige Lage hat.

Zum Auspuhen muß man eine sehr spitzige Ahle, oder, welches besser ist, eine dünne, in ein Heft gesteckte Nadel haben, und damit nicht auf dem Buchstaben, in welchem ein Puhen sitzt, hin und her krahen, sondern damit in die Vertiefung desselben fassen und den Puhen herausheben. Beim Niederdrücken der Spieße muß man sich in Acht nehmen, daß mit der Ahle kein Buchstab beschädiget wird, oder daß man nicht etwa einen Accent über oder unter einem Buchstab für einen Spieß ansieht und ihn absticht. Wenn von dem Ballenmeister gefehlt (Mönche geschlagen), die Farbe nicht gerieben oder zu viel Farbe genommen ist, so muß der Preßmeister ihm dies sogleich anzeigen, weil dieser sonst, seiner Fehler unbewußt, immer noch fortfahren würde, dergleichen zu machen. Diejenigen Bogen, auf welchen Mönche geschlagen, die Farbe nicht gerieben oder gefehlt ist, werden, im Schönbruck gezeichnet, indem man, wenn sie ausgelegt sind, ihre linke untere Ecke umschlägt; im Wiederdruck werden sie zusammengeschlagen zwischen den Haufen gelegt, damit man sie beim Lagenmachen desto eher finden, und wenn sie übrig sind, auswerfen könne.

Wenn

Wenn die zweite Forme eines Bogens (der Wiederdruck) in der Presse ist, so hat man noch besonders darauf zu achten, daß man, um einerlei Register zu behalten, gerade, und einen Bogen wie den andern, einlegt. Dazu muß man sich einen gewissen Griff angewöhnen, mit welchem man den Bogen vom Haufen auf den Deckel in die Punctur-spitzen zieht, ohne ihn erst auf denselben hin und her zu zerren, und dadurch die Punctur-löcher zu vergrößern. Um den Bogen desto geschwinder vom Haufen auf den Deckel ziehen zu können, beugt man den Haufen oben über, nach dem Deckel hin, und wenn man nach dem Ziehen die Hand vom Bengel nimmt, streicht man mit den Nägeln derselben sanft über den Haufen; der oben liegende Bogen streicht sich dann so weit vor, daß man ihn, bei seiner nach dem Deckel hin stehenden Ecke, leicht fassen und auf den Deckel ziehen kann. Wenn das Papier dünn ist, und deswegen der übergestrichene Theil des obern Bogens gerade an den Haufen herunter hängt und sich nicht gut fassen läßt, so steckt man 4 oder 5 Buch tief in dem Haufen einen glatten Span, der einen Finger lang hervorsteht, und solchergestalt den Bo-

gen

gen von dem Haufen abhält. Viele Drucker legen den Bogen erst in die hintere, und dann in die vordere Punctur-spitze; ich meines Theils halte es aber für besser, erst vorn und dann hinten einzulegen; denn außerdem, daß das Einlegen auf diese Weise geschwinder geschehen kann, so ist auch davon, weil der Bogen, wenn er vorn eingelegt wird, hinten von selbst einfällt, weniger zu befürchten, daß er gezogen und die Punctur-löcher vergrößert werden.

Beim Drucken des Wiederdrucks hat man auch noch darauf zu sehen, daß man die Einlage des Maculaturs im Deckel feucht erhält, und dieselbe öfters umwendet, damit sich die erst abgedruckte Seite (der Schöndruck) nicht zu sehr an demselben und von diesem wieder auf den folgenden darauf abzudruckenden Bogen abziehe (abschwärze); doch darf das Maculatur auch nicht zu viel angefeuchtet werden, weil sonst die darauf abzudruckenden Bogen die Farbe nicht annehmen (ersaufen). Um dies zu verhüten, ist es am besten, daß man außer dem Deckel einige Bogen graues Maculatur anfeuchtet, und davon, wenn es nöthig ist,

ist, immer einen in den Deckel nimmt und einen
trocknern darüber legt; damit aber nicht zu viel
Maculatur in den Deckel kommt, so muß, so oft
ein feuchter Bogen eingelegt wird, ein trockner
herausgenommen werden. Die Gewohnheit der
meisten Drucker hiebei ist: daß sie von dem im
Deckel befindlichen Maculatur einige Bogen zu-
rückschlagen und das andere mit einem Schwamme anfeuchten, die zurückgeschlagenen Bogen wieder darüber, und auf diese einige Bogen vom
Haufen einlegen, und so lange auf denselben fortdrucken, bis sich das Wasser in diese Bogen gezogen hat, und sie nun ohne Gefahr, daß der Druck
ersaufe, auf dem Maculatur fortdrucken können;
dann nehmen sie die vom Haufen eingelegten Bogen wieder aus dem Deckel, und legen sie, damit
die Nässe wieder herausziehe, in die Mitte des
Haufens. Diese Bogen sind aber so gut als verdorben, denn die Nässe kann im Haufen, zumal
wenn die Auflage klein ist, nicht so geschwind herausziehen, und dann werden sie doch auch, besonders wenn mit schwacher Farbe gedruckt wird,
von dem Abziehen darauf, schmutzig. Das Schreibpapier schwärzt sich, weil wegen seines Leims die

Far-

Farbe nicht so bald in dasselbe einzieht, noch mehr als das Druckpapier ab; man muß daher beim Druck desselben genau Achtung geben, und oft einen Bogen umschlagen, damit man gewahr werde, ob es sich abschwärzt. Das öftere Umschlagen eines Bogens, ist aber nicht allein des Abschwärzens wegen höchst nöthig, sondern es muß auch deswegen öfter geschehen, um zu bemerken, ob das Register noch stehe und ob der Schöndruck mit dem Wiederdruck gleiche Schwärze habe.

———

Man sieht aus Obigem, wie viel ein Drucker wissen müsse, und was er alles zu beobachten habe, wenn er Anspruch auf den Namen eines **guten** Druckers machen will, und daß das Drucken nicht so leicht sey, als es sich ansehen läßt, und als es vielleicht Manche glauben. Ein guter Drucker verdient in mancher Rücksicht einen Vorzug vor einem guten Setzer; denn wenn dieser seine Arbeit noch so gut, mit noch so viel Fleiß gethan hat, und sie geräth einem ungeschickten Drucker unter die Hände, so ist alle sein Fleiß verloren, Niemand achtet darauf, man fällt das Urtheil:

es

es ist schlecht gedruckt. Ganz anders verhält es sich aber mit der Arbeit eines guten Druckers: unter seinen Händen verschönert sich auch die Arbeit des schlechtesten Setzers. Zudem kann man auch die Arbeit eines Setzers, wenn sie nichts taugt, verbessern; das ist aber nicht der Fall bei der des Druckers. Hat dieser einmal schlecht gedruckt: so ist daran nichts zu bessern möglich, der Druck bleibt, wie er ist. Lehrlinge, die sich dem Drucken gewidmet haben, müssen es sich daher recht sehr angelegen seyn lassen, die größte Geschicklichkeit eines Druckers zu erlangen, sie müssen sich keine Arbeit verdrießen lassen, wäre sie auch oft mühsam, wenn sie nur dazu dient, ihnen den Vorzug eines guten Druckers zu verschaffen; dieser Vorzug muß ihnen mehr als Geld werth seyn. Sie dürfen nie so ehrlos denken, und glauben, daß, weil mit schlechter Arbeit eben das zu verdienen sey, was man mit guter verdiene, man sich auch eben nicht viel Mühe darum zu geben brauche, den Druck besser als Andre zu liefern. Wer so denken kann, ist bereits zu einem guten Drucker verdorben; denn wen sein Ehrgefühl nicht leitet, und bloß klingendes Interesse
die

die Triebfeder ist, von dem läßt sich nie etwas Außerordentliches erwarten.

Es ist inzwischen, leider! schlimm genug, daß nun einmal die Einrichtung in den Druk-kereien so gemacht ist, daß die schlechte Arbeit der guten gleich bezahlt wird, und man die guten Drucker wenig von den Pfuschern unterscheidet, oder von solchen Leuten, die nur bloß lebendige Maschinen sind, die sich an der Presse hin und herbewegen, und wie mit verschlossenen Augen und ohne alle Anwendung des Verstandes einen Bogen nach den andern hinsudeln, die ihre größte Kunst darin setzen, wenn sie des Tags über nur eine große Menge Bogen beschmutzen, und dafür recht viel Geld einstreichen können. Es wäre daher recht sehr zu wünschen, daß einige der angesehensten Druckereien anfingen, diese Einrichtung zu verändern, und in Bezahlung der Arbeit den Künstler von dem Pfuscher oder Tagelöhner mehr wie bisher zu unterscheiden; ich zweifle nicht, daß dann mehrere minder ansehnliche ihrem Beispiel folgen, und viele solcher Papierverderber dadurch bewogen werden würden, um

bes-

beſſern Verdienſt zu haben, mehrere Aufmerkſamkeit und Fleiß, wie gewöhnlich, auf das Drucken zu verwenden.

Sollten aber auch durch eine veränderte Einrichtung in Abſicht der Bezahlung des Drucks, ſchlechte Drucker nicht gebeſſert werden können: ſo wäre ſie doch, nach meiner Ueberzeugung und nach meinen Grundſätzen, ſchon deswegen zu wünſchen, um den Lehrling in ein mehrfaches Intereſſe zu verſetzen, das ihn reizen müßte, in ſeiner Kunſt immer mehrere und glücklichere Fortſchritte zu thun. Denn wenn der ſchlechte Drucker eben ſo gut bezahlt wird, als der gute und geſchickte, ja, wenn er in den Druckereien, in welchen die Arbeit tauſend Bogen weiſe bezahlt wird, und er geſchwind in ſeiner Arbeit iſt, noch wol mehr verdient, als mancher gute und gewiſſenhafte, aber eben daher bedächtiger und langſamer arbeitende: ſo iſt für den Lehrling, der kein Ehrgefühl beſitzt, kein Sporn, durch welchen er angetrieben würde, in ſeiner Kunſt beträchtliche Fortſchritte zu machen. Ein guter Anführer kann freilich einen ſolchen Lehrling durch gute und ſtrenge Aufſicht anhalten,

J. daß

daß er seine Vorschriften befolge und nichts von dem versäume, was seine Kenntnisse vermehren kann; ist er diesem aber entwachsen: so wird er doch bald wieder, wenn kein anderes Interesse ihn treibt, nachläßig und träge werden.

Eine andere Einrichtung in Bezahlung des Drucks wäre also in manchem Betracht höchst nöthig; so lange es inzwischen bei der alten bleibt, und es noch Druckereien gibt, in welchen diese Einrichtung jener vorgezogen wird: so bleibt einem Anführer, um seinen Lehrling immer in Eifer und Thätigkeit zu erhalten, nach Geschicklichkeit zu streben, weiter kein Mittel übrig, als bei einem guten Unterrichte in ihm Nachahmungseifer und dadurch gereiztes Ehrgefühl zu erwecken. Dies wird ihm aber besonders dadurch gelingen, wenn er dem Lehrling, so oft derselbe etwas nach seiner Art Vorzügliches leistet, das gebührende Lob ertheilt und ihm sagt, daß, wenn er fortfahren würde, sich in seiner Kunst zu vervollkommnen und dabei einer gesitteten Aufführung sich zu befleißigen, er von seinen künftigen Principalen sowol, als auch von den Verfassern und Verlegern

der

der Bücher dereinst werde geschätzt und geehrt werden; im Gegentheil aber werde er sich die Verachtung Aller zuziehen; ein jeder Principal werde ihn alsdann nur so lange in Arbeit behalten, bis er ihn habe kennen gelernt; und als es die höchste Noth erfordere; und öfters brodlos, werde er dann in Dürftigkeit und großes Elend gerathen. Er werde zu oft einen neuen Principal zu suchen nöthig haben; bald überall von seiner schlechten Seite bekannt werden, und Niemand werde ihn mehr annehmen wollen. Zu dem könnte man ihm sagen, was man von solchen Leuten hält, die alle halbe Jahr einen neuen Herrn suchen müssen.

Die Wahrheit hiervon dem Lehrling mit lebendigen Beispielen zu beweisen, wird dem Anführer nicht schwer fallen, weil sich, oft in kurzen Zwischenräumen, mehrere Subjecte in allen Druckereien einfinden, die entweder ihrer Ungeschicklichkeit oder ihrer unsittlichen Aufführung wegen, brodlos und im äußersten Elend umher irren.

Man könnte dem, der sich durchaus nicht bequemen will, sagen: man wolle ihm noch eine gewisse

wisse Frist geben, um zu sehen, ob er in dieser Zeit, sich zu der Kunst, der er sich gewidmet, beeigenschafte; wenn er dann sich nicht von einer andern Seite zeigen würde, so sey man genöthigt, ihn, mit Erlaubniß des Principals, zu entlassen, und er müßte dann zu einem ganz gemeinen einfachen Handwerke greifen. Dabei müßte man es denn freilich auch gelegentlich nicht an gehöriger Aufmunterung fehlen lassen, so oft er dergleichen verdient, um ihn nicht muthlos und an seinen Kräften und Fähigkeiten ganz verzweifeln zu machen. Der Anführer gebe sich aber in dieser gesetzten Zeit vorzüglich Mühe, ihm diesen und jenen Handgriff, diese und jene Erleichterung zu zeigen, kurz, er sey ihm behülflich, damit der Lehrling es erkenne, daß man für ihn sorge; dabei zeige man vorzügliche Nachsicht mit seiner Schwäche, lasse ihn eine Sache mehreremale in seiner Gegenwart wiederholen und muntere ihn dabei von Zeit zu Zeit immer auf, indem man ihm sagt, „so werde es wol gehen — nun gehe es schon etwas besser — nun sey man zufrieden — nun habe er gethan, was er vermogt habe. —" Durch ein solches Betragen wird man den Lehrling gewinnen, er wird

Zu-

Zutrauen fassen — wird fragen, wo er sich nicht
zu helfen weiß; und so sich immer mehr durch Uebung vervollkommnen. Wehe aber dem! der Andre unterweisen will, und den Fragenden mit Ungestüm abweiset — er wird ihn abschrecken, und
Schuld daran seyn, wenn Jener, weil er Zutrauen
und Muth verlohren hat, ungeschickt bleibt, und
nicht weiter kommen kann.

Unaufhörliches Tadeln ist so nachtheilig, als
unzeitiges Lob. Bei jenem wird der Lehrling verdrießlich werden, allen Muth verlieren, und endlich
gar sein Gemüth ganz abstumpfen; er wird glauben, der Tadel sey gesucht, und immer Vorwürfe
ihm zu machen, sey Absicht des Vorgesetzten; dieser habe einmal ein Vorurtheil gegen ihn und seine
Arbeit, er möge es nun machen, wie er wolle,
so sey es diesem doch nie recht. Er wird nun
sowol gegen seinen Anführer als gegen seine eigene
Arbeit einen Widerwillen, eine Abneigung empfinden,
und gegen letztere gar immer gleichgültiger werden,
und so wird man, statt sein Ehrgefühl zu reizen
und zu erwecken, dasselbe vielmehr nun ganz ersticken. Eben so nachtheilig kann aber auch unzei-

tiges, oder übertriebenes Lob werden. Wird der junge Mensch zu sehr gelobt, so fühlt er sich zu bald, glaubt bald genug zu wissen, und nichts mehr zuzulernen nöthig zu haben; er wird also in seinen Fortschritten, die er machen könnte, und die er wirklich noch zu machen nöthig hat, aufgehalten, und am Ende doch ein Stümper bleiben. Beides also, Lob und Tadel, am rechten Orte, zu rechter Zeit und mit gehöriger Mäßigung und Einschränkung angebracht, ist das wirksamste Mittel, einen jungen Menschen zu ermuntern; Nachsicht bei unbedeutenden Fehlern, besonders im Anfange der Lehrjahre; Zurechtweisung, da, wo er derselben noch bedarf; Verweisung auf gute Vorgänger und auf die Achtung, die solche bei Andern haben, verbunden mit dem sichtbaren Bestreben, ihm Alles zu erleichtern, das sind die wirksamsten Mittel, einen Lehrling zu bilden, und sein Ehrgefühl von der rechten Seite zu reizen und auf den gehörigen Standpunkt zu bringen.

Der Anführer selbst muß dem Lehrling Muster seyn, und sich ihm ganz zur Nachahmung aufstellen können. Er muß ihn auch dazu anhalten, daß er er sich in Nebensachen pünktlich und ordentlich gewöhne, daß er die Farbe im Farbesteine vor Sand und Staub verwahre, die Presse, besonders die Brücke und das Laufbrett derselben, reinlich halte; Tiegel, Spindel, Schloß und Fundament öfters putze; den Papierdeckel und Filz alle Abend auslege; den Deckel an der Presse, damit er trocken und nicht stockig werde, alle Abend in die Höhe stelle; alle Woche etlichemal, damit er glatt erhalten werde, seine äußere Seite mit Kreide überstreiche; und die Forme in der Presse, damit sie nicht durch Staub und dergleichen verunreinigt werde, alle Abend mit einem Bogen Papier zudecke u. s. w. Dadurch wird nicht nur die Lust zur Arbeit selbst sehr vermehrt, sondern man erweckt auch damit bei Andern das gute Vorurtheil für sich, daß, weil man in Nebensachen so pünktlich und genau sey, dies der Fall bei der Arbeit selbst um so viel mehr seyn werde. Und selten wird diese Voraussetzung ungegründet seyn.

J 4   Die

Die oben (S. 110.) verſprochenen Blätter welche dem Lehrlinge einige Fehler beim Drucken verſinnlichen ſollen, folgen hier:

Nr. 1. iſt nicht recht aufgetragen oder ge=
fehlt. Auf

Nr. 2. ſind Buchſtaben, die zu hoch und zu niedrig ſind. Auf

Nr. 3. ſind gar nicht aufgetragne Stellen, (Mönche).

Nr. 4. iſt auf zu naſſes und

Nr. 5. auf zu trocknes Papier gedruckt. Auf

Nr. 6. ſind Stellen, die unterlegt werden müſſen, und andere, wo die Farbe nicht gerieben iſt.

Nro. 1.

(Dieses und die folgenden Blätter Nro. 2—6. gehören zwischen S. 136 u. 137.

Nro. 2.

Nro. 2.

Nro. 3.

Nro. 3.

Nro. 4.

Nro. 4.

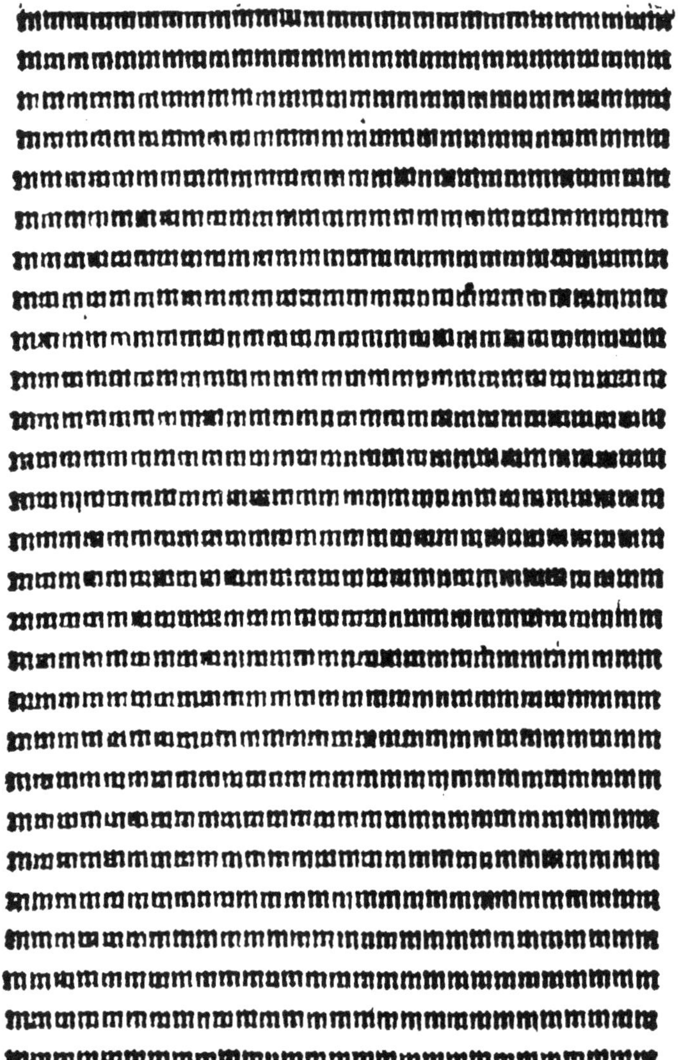

Nro. 5.

Nro. 5.

Nro. 6.

Nro. 6.

9.

Vom Formwaschen.

Wenn eine Forme ausgedruckt (die bestimmte Bogenzahl auf derselben abgedruckt) ist: so wird sie von dem Ballenmeister ausgekeilt (losgekeilt), auf ein Waschbrett (s. Tab. II.) gelegt, in das Waschfaß*) getragen und gewaschen. Man läßt zu dem Ende eine gute halbe Stunde vor dem Ausdrucken in einem kupfernen oder messingenen Kessel Lauge auf das Feuer

---

*) Ein Waschfaß ist ein viereckiger Kasten von dicken eichenen Bohlen oder ein dazu ausgehauener Stein, auf einem Gestelle von solcher Höhe, daß man die Forme ohne Beschwerde in das Waschfaß setzen und beim Waschen sich nicht zu tief zu bücken nöthig habe. Der Boden des Kasten muß von den Seiten nach der Mitte hin schräg gehn, damit die Lauge, und das Abspühlwasser sich dahin ziehen, und durch das daselbst befindliche Zapfenloch abgelassen werden könne. Der Stand des Waschfasses ist außerhalb der Druckerei an einer Wand; doch darf es nicht zu weit von der Druckerei entfernt seyn, weil sonst das Tragen der Formen zu beschwerlich wird.

Feuer ſetzen, damit ſie, wenn ausgedruckt iſt, koche; nimmt dann, wenn ſie in vollem Kochen iſt, in die linke Hand entweder ein hölzernes Stützchen mit einem Griffe, oder einen Topf; in die rechte aber eine Bürſte (Waſchbürſte); ſchöpft mit jenem aus dem Keſſel kochende Lauge, gießt ſie nach und nach auf die Schrift, und fährt mit der Bürſte auf den Columnen, auf welche man die Lauge gießt, im Kreiſe herum, ſo, daß die Bürſte immer in Lauge geht. Würde man die Bürſte in einer geraden Linie oder trocken auf der Schrift hin und her führen, ſo würde die Schrift ſehr leiden, und durch die mehrere Kraft, mit welcher man gemeiniglich, wenn man die Bürſte in gerader Linie führt, auf dieſelbe drückt, ſtumpf geſcheuert werden. Wenn die Schrift und die Stege rein gewaſchen ſind, ſo nimmt man eine alte Bürſte und reibt damit die Rahme ab, ſchleift ſie auch wol, um ihr Reinlichkeit und Glanz wieder zu geben, mit einem Ziegelſcherben oder mit einem Sandſteine ab. Wenn nun alles rein gewaſchen iſt, richtet man die Forme in die Höhe, und lehnt ſie mit den vordern Schrauben der Rahme an die Wand, an welcher das Waſchfaß ſteht;

steht; zieht darauf den Zapfen aus dem Zapfenloche des Waschfaßes und läßt die Lauge durch dasselbe in den darunter gesetzten Laugenkessel laufen; setzt dann, statt des Laugenkessels, einen Tubben (Waschtubben, Gelte) unter das Zapfenloch, schöpft mit dem Stänzchen oder Topfe, aus einem bei der Hand habenden Eimer, Wasser, gießt dieses an dem Rücken der Forme herunter, bürstet, damit die Lauge selbst, und andere daran klebende Unreinigkeiten mit dem Wasser desto eher abfließen, mit der alten Bürste nach, gießt noch einigemal Wasser daran, wäscht dann auch das Waschbrett mit Wasser ab, legt die Forme wieder auf dasselbe, stellt sie mit demselben, schräg in die Höhe, auf das vordere Seitenbrett des Waschfasses, und spült nun die Schrift mit klarem Wasser auch oben möglichst rein ab, läßt das Wasser von derselben ablaufen, und trägt sie dann dem Setzer hin, schließt sie auf, und löst die Buchstaben von den Stegen ab. Dieses Ablösen geschieht entweder vermittelst des Schließnagels, indem man mit demselben die Stege in die Höhe hebt, und wieder niederschlägt, bis die Buchstaben von den Stegen abprellen, oder mit einem Messer (Ablösemesser),

wel-

welches man zwischen der Schrift und den Stegen durchzieht; dabei muß man sich aber vorsehen, daß man nicht mit dem Messer auf die Buchstaben komme, oder von den Stegen etwas abschneide. Nach dem Ablösen nimmt man die Rahme und die etwa daran gelegten Späne von der Forme und überläßt sie dann dem Setzer zum Ablegen oder Aufbinden.

Die Lauge, welche zum Waschen gebraucht wird, wird durch einen kochenden Aufguß auf Asche von hartem Holze immer in Vorrath gemacht, und, damit sie stark genug werde, und die Farbe von der Schrift rein abnehme, wiederholt auf den Aescher gegossen. Seifensiederlauge taugt zum Formwaschen nichts, weil sie nicht rein ist, und die Schrift angreift; eben das thut auch die Lauge, die über einen Aescher gegossen wird, der mit ungelöschtem Kalk vermischt ist. Dies thun Einige, um die Lauge zu verstärken, aber zum größten Schaden der Schrift. Von dem Aescher darf ja nichts in die Lauge kommen, weil sonst die Schrift beim Waschen damit verunreiniget, und dadurch nicht nur dem Setzer beim Ablegen

und

und Setzen viel Aufenthalt verursacht, sondern auch bewirkt wird, daß die Buchstaben von dem Daranklebẽn der Asche in einer neugesetzten Forme schief und von einander abstehn und beim Druck derselben voller Putzen sind. Das Nämliche wird durch unreines Abspühlwasser bewirkt; auch wenn das Waschfaß nicht öfter gereiniget wird, und aus demselben Sand, oder andere Unreinigkeiten mit in die Lauge fließen.

Eine zum Waschen taugliche Bürste muß lange und nicht allzusteife Borsten haben, die unten gerade geschnitten, und in dem Holze nicht mit Drath, sondern mit Bindfaden festgehalten werden; denn der Drath rostet von der Lauge, zerbricht, und die Borsten fallen dann aus dem Bürstenholze. Bürsten, welche schon zu sehr abgenutzt sind, darf man nicht weiter zum Waschen brauchen; denn außer, daß sich damit die Farbe nicht von der Schrift, noch weniger von den Quadraten und Stegen abwaschen läßt, geschieht es auch wol, daß man mit dem Holze derselben auf die Schrift stößt, und dieselbe dadurch beschädigt.

Ueber-

Ueberhaupt muß man bei dem Waschen mit vieler Vorsicht zu Werke gehn, weil man sonst damit in kurzer Zeit eine neue Schrift ganz verderben kann; man darf es daher keinen Lehrlingen übertragen, wenn sie nicht vorher von allen dem hinlänglich unterrichtet sind, was dabei zu beobachten ist; und trauet man es ihnen endlich zu, daß sie damit gehörig umzugehen wissen, so darf man sie doch nicht sich selbst überlassen, sondern muß, wenn sie das Waschen verrichten sollen, selbst so lange die Aufsicht dabei führen, bis man versichert ist, daß sie ohne zu vieles Reiben der Schrift eine Forme auf das reinste gewaschen und abgespühlt dem Setzer überliefern können.

10.

Von der Farbe und deren Zubereitung.

Die Farbe, deren man sich zum Drucken bedient, besteht aus Firniß und Kühnruß. Der Firniß wird aus altem, klaren Lein=öl, das aus Leinsaamen ohne Rübsaat und Leindotter geschlagen ist, zähe, und so dick wie Honig gesotten.

Dies Sieden geschieht in einer kupfernen, nach oben zu sich etwas erweiternden, in einen engen und kurzen Hals auslaufenden und mit einem *) Deckel

---

*) Die Blasen, welche ich für meine Druckereien habe machen lassen, sind mit zwei Deckeln versehen, davon der eine in den Hals der Blase und der andere über denselben schließt. Der einwärts gehende hat einen etwas überstehenden Rand, der sich, wenn der Deckel in den Hals der Blase geschoben wird, auf den Blasenhals legt, und solchergestalt verhindert, daß der Deckel nicht ganz in die Blase gedrückt werden kann; in der Mitte des Deckels ist ein eiserner Griff, der so hoch in die Höhe steht, als der Deckel tief ist. Der aus=
wärts

Deckel verſehenen Blaſe, (ſ. Tab. II.) an welcher zwei eiſerne Henkel befeſtigt ſind, die über den Hals derſelben in die Höhe ſtehen und mit dem auf dem Deckel befindlichen eiſernen Griffe in gerader Linie ſich endigen. Der Deckel iſt ſo tief, als der Hals lang iſt, und ſchließt dicht und genau über denſelben.

Um Feuersgefahr zu verhüten, die bekanntlich bei dem Kochen des Oels zu befürchten iſt, wird es nirgends geſtattet, daß der Firniß in einem Hauſe in der Stadt, oder nahe bei Gebäuden geſotten wird, ſondern dieſes Sieden muß entweder auſſer der Stadt, oder doch an einem ſolchen freien Orte geſchehen, wo man vor allem zu verurſachenden Schaden ſicher iſt. In dieſer Rückſicht muß man zu dem Firnißſieden einen heitern, windſtillen Tag, und,

wärts über den Blaſenhals greifende Deckel geht ſo tief über den Blaſenhals nieder, daß deſſen Boden auf den Rand und den Griff des innern Deckels drückt. Das Oel kann ſich nicht ſo leicht durch dieſe beiden Deckel drängen, und man hat deswegen bei dem Sieden weit weniger Gefahr, als bei den Blaſen mit einem Deckel, zu befürchten.

und wenn es möglich ist, einen solchen Ort wählen, wo die Blase auf dem Feuer in Schatten stehen kann; denn wenn die Sonne auf die Blase und ins Feuer scheint, und die Sonnenhitze sehr stark ist, so drückt sie, wie ich öfter bemerkt habe, die Hitze des Feuers nieder und vermindert sie oberhalb der Blase so sehr, daß auch das beste Oel sehr langsam zu gutem Firniß kocht.

Wenn man sich einen paßlichen Ort ausersehen, und die Blase von allen sich etwa darin befindlichen Unreinigkeiten gesäubert hat: so füllt man etwa zwei Drittel derselben mit Oel, d. h. wenn in die Blase ¾ Centner gehn, so wird in dieselbe nur ⅜ Centner Oel gefüllt, weil sonst, wenn die Blase voller gefüllt wird, das Oel nicht genug durch einander kocht und selten zu starkem Firniß wird; oder es ist, wenn man ja durch ein sehr starkes Feuer das Oel zu gehörigem Kochen bringt, zu befürchten, daß es überkoche und sich durch das Feuer entzünde; oder auch, wenn die Blase nicht überall gleich stark ist und das Oel zwischen dem Deckel durch keine Luft bekommen kann, die Blase zersprenge und die Umstehenden unglücklich mache. Wenn die Blase gefüllt und mit allem Zubehör an Ort und Stelle gebracht ist: so setzt man sie auf einen Dreifuß über das zu dem Ende angemachte Feuer.

Der Dreifuß muß meist den Umfang des Bodens der Blase haben, und der Kranz desselben glatt und breit seyn, weil sich sonst der Boden der Blase, wenn das Kupfer glühend wird, in den schmalen Kranz des Dreifußes, oder in die Erhabenheiten desselben drückt, wodurch dann in dem Boden der Blase Löcher entstehen, durch welche das Oel oder der Firniß ins Feuer läuft, und dasselbe so sehr vergrößert, daß man vor der Glut selten zur Rettung des Firnisses etwas thun kann; sollte man aber auch an die Blase kommen und sie vom Feuer heben können, so wird dadurch, wenn man nicht sogleich einen Tubben (Gelte) oder anderes Gefäß bei der Hand hat, doch nur wenig gerettet werden; außer den Verlust des Oels und der Zeit, leidet man auch bei der Blase, wenigstens des Untertheils derselben; denn eine geflickte Blase ist zum Firnißsieden ohne große Gefahr nicht zu gebrauchen. Um einem so beträcht-
lichen

lichen Verluste auf das sicherste vorzubauen, thut man wohl, unten um die Blase, einen drei Finger breiten eisernen Ring nieten zu lassen, so daß die Blase nicht unmittelbar mit dem Boden, sondern mit dem eisernen Ringe auf dem Dreifuß steht; der Kupferschmidt muß aber ja dahin sehen, daß das Annieten des Ringes mit solchen Nägeln geschieht, welche die dazu in die Blase gemachten Oefnungen genau ausfüllen, weil sonst das Oel beim Kochen durch die Zwischenräume dringen, und dann das nämliche Uebel entstehen kann, welches man durch die Umlegung des Rings hat verhüten wollen.

Das Feuer, über welches man den Firniß setzen will, muß, damit die Hitze desto eher um der Blase bleibe, in einer Vertiefung angemacht, und so lange stark unterhalten werden, bis das Oel ins Kochen kömmt. Während der Zeit, daß das Oel ins Kochen gebracht wird, macht man seitwärts vom Feuer ein Loch in die Erde, welches so groß seyn muß, daß die Blase bequem in dasselbe gesetzt werden kann, und macht in demselben Feuer an, damit es austrockne. Wenn das Oel kocht, so nimmt man altes, in nicht gar zu dicke Stücken ge-

K 2 schnitt-

schnittnes Brod, steckt die Stücken einzeln an einen Spieß (ein von tannen Holz etwa eine Elle lang und unten keilförmig geschnitztes Stöckchen) und hält es damit so lange ins Oel, bis es ganz braun gekocht ist. Wenn das Brod hineingehalten (abgekröscht) wird, muß das Oel so stark kochen, daß es Wellen schlägt; außerdem muß man es erst besser ins Kochen bringen, weil sonst der Nutzen, den man sich davon verspricht, daß nämlich das Oel gut durch einander koche, und die etwa im Oele befindlichen wässerichten Theile in das Brod ziehn, nicht erreicht wird. Mehr als zwei Stückchen Brod darf man nicht auf einmal in das Oel halten, weil es sonst zu stark braust, und in die Höhe steigt; geschieht dies demungeachtet, so muß man das Brod so lange wieder herausziehen, bis sich das Oel wieder gesetzt hat; gemeiniglich geschieht dies aber nur bei frischem Brode. Die Masse des hineinzuhaltenden Brods ist willkührlich; ich pflege so lange abkröschen zu lassen, bis auf dem Oele, wenn kein Brod mehr in dasselbe gehalten wird, kein Schaum mehr zu sehen ist. Man pflegt auch außer dem Brode noch Zwiebeln und gebranntes Fischbein in das Oel zu halten, zu

wel-

welchem Nutzen, kann ich aber nicht sagen; ein Stück gebranntes Fischbein pflege ich wol, damit das Oel oberhalb in der Blase sich desto mehr bewege, noch nach dem Brode in das Oel zu halten, und wenn es braun gebrannt ist, gar hinein zu werfen, und darin liegen zu lassen; ob dies aber noch sonst einen Nutzen habe, und was Zwiebeln bewirken sollen, habe ich nie erfahren können; ich habe, mich derselben nie bedient, und doch immer guten Firniß erhalten.

Nach dem Abkröschen deckt man die Blase mit dem Deckel zu *); steckt durch die eisernen Henkel und

---

*) Wenn zwei Deckel bei der Blase sind, so werden sie beide darauf gedeckt. Einige Drucker weichen von der hier beschriebnen Art den Firniß zu sieden darin ab, daß sie nach dem Abkröschen die Blase nur eine kurze Zeit zudecken, sie dann wieder öffnen und offen stehen. Es läßt sich gegen dies Verfahren weiter nichts erinnern, als daß viel Oel verdünstet; inzwischen hat man dabei, weil man immer in die Blase sehn und alle Bewegungen des Oels bemerken kann, auch weniger Gefahr, als bei zugemachter Blase, zu befürchten.

und den Griff des Deckels, daß zwei Personen die Blase damit vom Feuer heben können, eine eiserne Stange, die an jeder Seite einen oder anderthalb Fuß über die Blase reicht, steckt zwischen die Stange und die Henkel und den Griff des Deckels hölzerne Keile, damit dadurch der Deckel auf die Blase festgehalten werde, und sich auch die Blase ohne Rütteln desto sicherer vom Feuer heben lasse, schmiert darauf um den Deckel weich gemachten Lehm *), verstärkt das Feuer unter der Blase, und achtet nun genau auf das, was an dem Lehm, wenn er trocken geworden ist, vorgeht. Dringt durch denselben ein schwarzer Dampf, der einen starken Firnißgeruch hat, und den Lehm hie und da fett macht, so hat man die größte Hofnung,

bald

---

*) Bei einer Blase mit zwei Deckeln ist keine Verklebung mit Lehm nöthig; etwas Asche um den Deckel gestreut, ist hinlänglich den Zugang der Luft zu hindern. Damit die Asche um den Deckel herum liegen bleibe, habe ich einen Zoll tief unter dem Blasenhalse einen Ring auf die Blase machen lassen, der etwa einen Zoll in die Höhe steht, und um den Deckel eine Rinne bildet.

bald brauchbaren Firniß zu erhalten; man vermindert dann das Feuer unter der Blase und beschmiert, damit der Firniß keine Luft bekomme und Feuer fange, die Stellen, aus welchen der Dampf hervordringt, aufs neue mit Lehm, oder bestreut sie, auch nur mit Asche, und wiederholt dies so oft, als sich aufs neue Dampf zeiget; fängt aber der Dampf an, an verschiedenen Stellen durch den Lehm zu dringen, und will sich mit Asche oder Lehm nicht weiter dämpfen lassen, dann ist es Zeit, die Blase vom Feuer zu heben; dies muß nun aber mit der größten Behutsamkeit und ohne alles Rütteln geschehen, weil dadurch verursacht werden kann, daß der Firniß mit Gewalt zwischen dem Deckel durchdringt, sich entzündet, und diejenigen, welche die Blase tragen, beschädiget. Die Blase setzt man nicht auf die bloße Erde, sondern entweder auf den Boden eines Fasses, oder auf einen Strohkranz; die Feuchtigkeit aus der Erde würde sonst in die Blase bringen, den Firniß in die Höhe treiben und sprudelnd machen; überhaupt muß man sich sorgfältigst bemühen, alle Feuchtigkeit von der Blase abzuhalten.

Wenn nach dem Abheben der Blase vom Feuer der Dampf und die Fettigkeit noch immer zwischen dem Deckel durchdringt, so muß man fortfahren, Asche, Lehm, oder auch feuchten Sand um und auf den Deckel zu drücken; will aber dieses alles nicht helfen und dringt sogar Firniß durch, so setze man die Blase auf das geschwindeste, jedoch behutsam, in das vorhin gemachte und ausgetrocknete Loch, umlege den Deckel mit feuchten Lappen, u. dgl. und suche auf diese Weise den Firniß in der Blase zu behalten. Ist aber alle Mühe umsonst und bringt demungeachtet der Firniß durch, sprudelt umher, oder entzündet sich: so sey man vorsichtig und setze sich nicht der Gefahr aus, verbrannt zu werden; alles, was man dann noch zur Rettung des Firnisses zu thun vermag, ist, daß man, mit einer Schaufel, Sand oder trockne Erde über die Blase zu werfen und damit die Glut zu tilgen suche. Dieser Gefahr ist man aber nicht ausgesetzt, wenn man immer gehörige Aufmerksamkeit auf die Blase hat, zu rechter Zeit das Feuer vermindert und sie abnimmt, wenn der Dampf und die Fettigkeit zu sehr durch den Lehm bringt.

Nach

Nach dem Abnehmen läßt man die Blase etwa eine gute halbe Stunde, oder so lange stehen, bis der Dampf nicht mehr zwischen dem Deckel durchdringt und man glaubt, daß sich der Firniß gesetzt habe; alsdann löst man mit einem Messer den Lehm ab, wischt mit einem Lappen den Deckel, und oberhalb die Blase rein ab, zieht die eiserne Stange aus den Henkeln und dem Deckelgriff; nimmt einen Lappen um die Hand, und zieht damit den Deckel von der Blase; während dem brennt ein Andrer einen Spieß an und hält ihn in dieselbe, damit sich der Firniß entzünde, und setze, wenn er etwa noch in der Höhe seyn sollte; man darf ihn aber nicht so lange brennen lassen, bis die Glut hoch aus der Blase schlägt, sondern muß beizeiten den Deckel auf die Blase setzen und damit das Feuer wieder auslöschen, weil es sich sonst, wenn es zu stark brennt, nicht gut dämpfen läßt. Das Anstecken des Firnisses wird etlichemal und zwar darum wiederholt, daß er sich desto mehr verdicke, und der Schaum, der sich oben auf gesetzt hat, verbrenne; während daß man den Firniß brennt, tunkt man mit einem Spieß in denselben, zieht ihn wieder heraus und läßt

läßt den sich daran gehängten Firniß davon auf einen glatten Scherben ablaufen, und untersucht ihn dann, ob er zähe und dick genug ist; und das ist er, wenn er auf dem Scherben, schräg gehalten, nur langsam fließt, und wenn er, wenn man ihn auf dem Scherben aus einander gestrichen hat, und mit einem Finger darauf tunkt, bei dem Wiederabziehen desselben lange Faden zieht. Ist der Firniß nicht so beschaffen: so muß man eilen, ihn wieder aufs Feuer zu bringen, auf welchem er dann so lange kochen muß, bis er die gehörige Zähigkeit erlangt hat. Nach diesem läßt man ihn so lange abkühlen, bis er nicht mehr anbrennt und ohne Gefahr in die Wohnung gebracht werden kann. Hier läßt man ihn so lange stehen, bis er nur noch warm ist; dann gießt man ihn durch einen Durchschlag in den Farbetubben *), schüttet guten, vorher auf das feinste zerriebenen

Kühn-

---

*) Ein Farbetubben muß, damit der Kühnruß desto bequemer unter den Firniß gerührt werden kann, niedrig und breit, und, damit die Farbe vor Staub und andern Unreinigkeiten gesichert bleibe, mit einem genau darauf passenden Deckel versehn seyn.

Kühnruß dazu, rührt ihn mit dem Farbescheite (Spatel) (s. Tab. II.) darunter, und fährt damit so lange fort, bis man ohne viele Mühe keinen Ruß mehr darunter bringen kann, und die Farbe, wenn man welche mit dem Farbescheit in die Höhe hält, klumpenweise von demselben abfällt. Wenn genug Kühnruß unter dem Firniß ist, so wird die Farbe auf das beste durch einander geschlagen, und damit so lange fortgefahren, bis sie recht glänzend ist; die sich oben an den Rand des Farbetubbens angehängte Farbe wird dann, damit sie nicht daran vertrockne, so wie die vom Farbescheite, mit dem Ballenmesser ab- und in den Farbetubben gestrichen, die Farbe, um sie vor Unreinigkeiten zu verwahren, mit reinem frischen Wasser übergossen, der Farbetubben zugedeckt und so die Farbe zum Gebrauch aufgehoben.

11.

Vom Rothdrucken.

Ehemals war es üblich die Hauptzeilen der Büchertitel, auch wol Anfangsbuchstaben in den Büchern, roth zu drucken; jetzt geschieht dies selten, und man pflegt nur noch in den A, B, C Büchern die Selbstlauter und in den Calendern die Sonn, Fest- und Heiligen-Tage dadurch von andern auszuzeichnen. Dies könnte freilich auch eben so gut mit gröberer Schrift geschehen, und es geschieht auch an einigen Orten wirklich; allein der gemeine Mann ist doch für das Bunte so sehr eingenommen, daß er bei dem Ankauf der A, B, C Bücher und Calender, wenn er anders freie Wahl hat, immer roth und schwarz gedruckte wählt; man muß sich daher schon nach dem Geschmack desselben bequemen, und diese mühsame und kostspielige Arbeit beibehalten.

Es werden dazu zwei *) Formen gesetzt, davon die eine alles das, was schwarz, und die andere

---

*) Vormals wurde nur eine Form gesetzt, und in dieser, wenn sie vorher mit einem Bogen Schreib-

pa-

dere das enthält, was roth gedruckt werden soll; in ersterer wird der Raum, in welchen das Rothe kömmt, in letzterer die schwarz zu druckenden Zeilen und Worte mit Quadraten ausgefüllt. Die schwarz zu druckende Forme nimmt man zuerst in die Presse, richtet sie genau zu, und druckt sie gehörig ab; nach dieser die rothe. Hiezu wird ein neues Rähmchen angeschlagen, die Stege in der Form und die Rahme, mit der sie geschlossen ist, recht rein abgewischt, dann die Zeilen und Worte auf das genaueste in den für sie in dem schwarzen Abdruck offen gelassenen Raum zugerichtet, das
Rähm-

papier unterkleistert worden war, das, was roth gedruckt werden sollte, unterlegt (mit Halbgevierten oder mit dazu geschnittnen Stückchen Spänchen erhöht), und so abgedruckt; nach diesem wurde die Form gewaschen, die Unterlagen unter derselben weggenommen, die roth gedruckten Zeilen herausgehoben, der Raum mit Quadraten ausgefüllt und dann das Schwarze zwischen das Rothe gedruckt; es ist aber, weil die Schrift dabei durch die rothe Farbe sehr leidet, und auch durch das Unterlegen viel versäumt wird, nur noch in wenig Druckereien üblich.

Rähmchen, wo es nöthig ist, verkleistert und ausgeschnitten, mit Trägern belegt, und hiernach die Forme roth abgedruckt. Dabei hat man besonders zu beachten, damit der rothe Abdruck nicht auf den schwarzen gedruckt werde, daß alle Bogen gerade in die Puncturen gelegt, die Puncturlöcher nicht erweitert, und damit der schwarze Abdruck sich nicht an das Rähmchen und von diesem auf die folgenden Bogen abziehe, die Träger auf das Rähmchen dahin gelegt werden, wo sie nicht auf den schwarzen Abdruck drücken. Wenn die Auflage so stark ist, daß sie in einem Tage nicht ausgedruckt werden kann, so muß die Forme alle Abend beim Feierabend rein gewaschen werden, weil sonst die Farbe auf die Schrift trocknet und sich nicht abwaschen läßt.

Die Ballen müssen zum Rothdrucken ganz neu gemacht werden; übrigens sind sie von den Ballen, die zum Schwarzdrucken gebraucht werden, nur darin unterschieden, daß sie kleiner sind. Wenn man einzelne Zeilen roth zu drucken hat, so bindet man bloß Stücken Ballenleder mit Ballenhaaren ausgefüllt, zusammen, und braucht diese

Wul-

Wulste statt der Ballen. Wenn die Ballen länger als einen Tag gebraucht werden sollen, so müssen sie mit Baumöl eingerieben und mit feuchtem Papier umschlagen werden, weil sie sich sonst, wenn die Farbe darauf trocken geworden ist, nicht wieder erweichen lassen. Das Auftragen mit denselben muß, damit die Schrift nicht voll geschlagen werde, ganz lose geschehen, und bei dem Reiben der Farbe muß man dieselben, um zu verhüten, daß der Zinnober nicht darauf liegen bleibe, öfter fest über einander drehen (quetschen). Damit keine Schwärze an die Ballen komme und man nicht etwa in Gedanken mit denselben in die schwarze Farbe tunke, so wird der Farbestein entweder zugedeckt oder ganz weggesetzt, und über den Ballenknecht an die vordere Preßwand ein Blech, oder in Ermangelung dessen eine reine Pappe, genagelt.

Zu der Zubereitung der rothen Farbe braucht man einen marmornen oder alabasternen Reibestein (s. Tab. II.) und einen dazu gehörigen Läufer. Auf einer Seite dieses Reibesteins läßt man so viel Firniß fließen, als man zu gebrauchen glaubt, thut etwas Bleiweiß dazwischen, reibt diesen mit dem

dem Läufer unter, und färbt solchergestalt damit den Firniß weiß; alsdann schüttet man auf die Mitte des Reibesteins guten fein gemahlnen Zinnober, nimmt mit einem schaufelförmig geschnitzten Hölzchen von dem weißgefärbten Firniß so viel dazu, daß der Zinnober nur eben untergerieben werden kann, und reibt beides gut durch einander. Je mehr die Farbe gerieben wird, desto rother wird sie und desto besser läßt sie sich auftragen; im Unterlassungsfall und wenn zu viel Firniß dazu genommen wird: legt sich der Zinnober wegen seiner Schwere auf den Boden und der Firniß bleibt unvermischt über demselben stehen, nimmt man ihn mit dem Hölzchen auf die Ballen, so bleibt er entweder auf denselben liegen, oder er schlägt sich in und um die Buchstaben und auf die Stege; auf den Buchstaben bleibt bloßer Firniß hängen. Dies geschieht auch, wenn man ganzen Zinnober kauft, und ihn nicht fein genug zerreibt; man muß daher den Zinnober, wenn man ihn ganz gekauft hat, vor dem Gebrauch auf dem Reibesteine mit Wasser oder auch mit Brandtewein auf das feinste zerreiben, und wenn er trocken geworden ist, wie Staub zermalmen. Es darf nie mehr

Far-

Farbe zubereitet (angemacht) werden, als man den Tag über braucht, weil sie sonst, wenn sie lange steht, trocken wird; bleibt ja welche übrig, so muß sie mit Wasser übergossen und mit einem Bogen Papier zugedeckt werden; den folgenden Tag gießt man das Wasser wieder davon, und reibt sie aufs neue gut, und wenn sie zu trocken ist, mit etwas Firniß, durch einander.

So wie die rothe, kann man mehrere kolörte Farben anmachen; nur muß man immer solche wählen, die nicht zu schwer sind, und sich gut zerreiben lassen. Wenn Worte oder Zeilen mit Gold gedruckt werden sollen, so druckt man sie erst roth ab, läßt den Bogen unverrückt in den Punkturen liegen, überlegt das Rothgedruckte mit gutem Blättergold, und zieht dann blind ab; dadurch zieht sich das Gold auf der rothen Farbe fest, und das übrige läßt sich alsdann, wenn der Bogen getrocknet ist, mit einer Sammetbürste oder mit reiner Baumwolle leicht abbürsten oder abwischen. Bei dem Abbürsten muß man aber die unvergoldete Schrift mit reinem Papiere zulegen, weil sonst Fäserchen Gold darauf fliegen und hängen bleiben. Eine noch leichtere Art zu vergolden ist, wenn man

L   die

die Zeilen, welche vergoldet werden sollen, nach dem Abdruck und wenn der Bogen getrocknet ist, mit Staubgold überstreut und dann mit Baumwolle wieder rein abwischt; allein diese Art Vergoldung ist zu matt und hat bei weitem nicht das Ansehen der erstern, und kann also zu etwas Ausserordentlichem nicht empfohlen werden.

Zusätze und Berichtigungen.

Diese Zusätze sind mir von meinem Freunde,*) dem Buchdrucker, Herrn Bindseil in Wolfenbüttel, dem ich die abgedruckten Bogen vorstehender Anweisung zum Druk-

---

*) Dieser mein Freund wird, wenn es ihm seine Geschäfte nicht unmöglich machen, vielleicht eine Anweisung für Setzer bearbeiten, dazu der Plan, so weit er ihn mir mitgetheilt hat, dieser ist:

1. Theil. Die nöthigsten Sprachkenntnisse.
   1. Abschnitt. Deutsche Sprache.
      Anhang. Erklärung in diese Sprache aufgenommener fremder Wörter.
   2. Abschnitt. Fremde Sprachen.

2. Theil. Einleitung. Von Erfindung dieser Kunst, ihren Fortschritten ꝛc.

   Praktischer Unterricht in derselben.
   1. Von der Lage der Buchstaben in den Kasten. Verschiedene Modelle dieser Kasten, zu den verschiedenen Sprachen.
   2. Von den Schriftgattungen, nach ihren verschiedenen Größen und Gestalten.
   3. Von den zum Setzen erforderlichen Instrumenten, ihrer Beschaffenheit und Benennung.
   4. Unterricht im Setzen selbst. Handgriffe. Guter Anstand und Fertigkeit ꝛc.

Drucken ꝛc. mit der Bitte einhändigte, mir darüber seine Erinnerungen freundschaftlichst mitzutheilen, zugesandt worden, und ich finde sie, zur Ergänzung des Ganzen, wichtig genug, um sie hier wörtlich mit abdrucken zu lassen.

Zu S. 11. Mich dünkt, daß die Büchse nicht statt des Schlosses diene, sondern nur eine andere Methode sey, das Schloß, welches sich in der Büchse befindet, fest zuhalten. An einer meiner Pressen hat dies Schloß folg

5. Auseinanderdehnung und Zusammenpressung der Wörter, Zeilen, Rubriken, Capitel ꝛc. nach Beschaffenheit des Inhalts oder der Größe des Werks.

6. Beurtheilung der Wahl der Schriftgattungen, die man sowol zum Werken selbst, als zu seinen Rubriken, Capiteln, Anmerkungen ꝛc. nehmen muß.

7. Vom Setzen der Haupttitel und Schmutztitel.

8. Von den sogenannten Accidentien, als Gedichte ꝛc.

9. Vom Tabellen-Setzen.

10. Vom Setzen musikalischer Noten.

11. Von der Wahl der Formate. Darstellung der jetzt üblichen Formate.

12. Vom Formenschließen.

13. Primentabellen.

14. Vom Corrigiren, nebst Darstellung der Correcturzeichen.

15. Vom Ablegen, Aufbinden der Schrift ꝛc.

16. Erklärung verschiedener Kunstausdrücke.
Anhang. Von Reden, die bei der Deposition gebraucht werden können.

folgende Gestalt: es besteht nämlich gleichfalls aus zwei Hälften, deren jede innerhalb einen halben Zirkel macht, und beide, wenn sie um den in die Spindel eingeschnittenen vertieften Ring zusammengeschoben sind, außerhalb ein Viereck bilden; dies Schloß wird in einer ebenfalls viereckigen hölzernen Büchse festgehalten, welche die Spindel umschließt. Die Büchse ist oben und unten mit einem eisernen Bande versehen; an ihren vier untern Ecken befinden sich die durch Schrauben festgehaltenen Haken, an welche der Tiegel mit seinen Haken festgebunden wird.

S. 11. Z. 15. hieße es wol besser: „davon der hintere in die beiden Pfosten des Gestells, auf welchem der Farbestein liegt, eingezapft ist; denn das Gestell gehört nicht unmittelbar zu den Wänden.

S. 17. Z. 4 und 5. müssen wol, da vorher der Tret-presse nicht namentlich gedacht ist, die Worte: „Tret- und" weggestrichen werden.

Bei dem Unterrichte zum Papierfeuchten sieht man erst hintennach, wo das Feuchten des Schreibpapiers vorkommt, daß zuerst vom Druckpapier die Rede gewesen ist. S. 30. Z. 12. muß daher wol statt: Nachdem das zum Druck bestimmte Papier ꝛc. **Nachdem das zum Feuchten bestimmte Druckpapier** ꝛc. gelesen werden. Imgleichen wäre es nicht undienlich gewesen, eine Anweisung zu geben, wie man Druckpapier, das gleich den folgenden Tag bedruckt werden soll, feuchten muß;

muß; ich halte nemlich fürs beste, dies zu 6 Bogen mit einem Schwamme fein einzusprengen; desgleichen beim Schreibpapier, es zu 6 Bogen geschwind durchs Wasser zu ziehn, und wenn es durchgezogen, das Wasser davon rein ablaufen zu laffen.

Zu S. 45. Das Formatsuchen ist wol eigentlich das Geschäft der Drucker, und ein accurater Drucker wird daffelbe auch gern übernehmen, weil ihm die Unrichtigkeit der Stege beim Zurichten die meiste Verdrießlichkeit und Nachtheil verursacht. Die Setzer würden sich größtentheils damit begnügen, wenn sie nur ein solches Format hätten, womit sie beim Schließen die Forme zum Halten bringen können. — Die Note würde im andern Falle auch auf das Gegentheil paffen.

Zu S. 48. Z. 2. hinter „Raume." könnte noch wol der Zusatz Statt finden: Um zu wiffen, wie man den in Oktav, Quart oder Folio gefalzten Bogen auf die Columne legen muß, um auf die eben beschriebene Art die rechte Wahl der Stege zu treffen, kann man folgendes zur Grundlage annehmen: 1) Bei Oktav suche man die Breite des Bundsteges zuerst; diese findet man, wenn man den gefalzten Bogen so auf die Columne legt, daß man, nachdem man die rauhe Kante abgerechnet hat, 2 Drittheile des leer bleibenden Papiers für den Rand behält, und 1 Drittheil für die Hälfte der Breite des Bundstegs rechnet. Eben so findet man auch die Breite des Bundstegs bei allen übrigen Formaten. 2) Um die Breite des Kreuzstegs zu fin-

finden, legt man den Bogen auf die Columne so, daß man für die Hälfte seiner Breite 1 Drittheil des leer bleibenden Papiers rechnet, und für den untern Rand 2 Drittheile behält, jedoch ohne die rauhe Kante des Papiers abzurechnen. 3) Den Mittelsteg nimmt man, nachdem man die Ecken und rauhe Kante des Papiers abgerechnet hat, bei Oktav doppelt so breit, als man Raum auf den Seiten übrig behalten hat. 4) Bei Quart findet man die Kreuzstege eben so, wie man beim Oktav die Bundstege gefunden hat, und den Mittelsteg, wie beim 8. den Kreuzsteg. 5) Bei Folio findet man den Mittelsteg, wie beim 8. den Bundsteg.

Zu S. 143. Meine Firnißblase hat auch 2 Deckel, davon der eine flach ist und auf einen Rand innerhalb des Halses der Blase, da wo der Hals zu Ende ist, schließt; der äußere Deckel wird auch in den Hals der Blase hineingeschoben, und schließt fest auf den erstern. — Noch etwas von meiner Methode des Firnißsiedens; ich lasse nemlich, nachdem abgeknöscht ist, die Blase nur mit einem Deckel und unbefestigt so lange stehen, bis das Oel so weit ist, daß es Feuer fängt, und brenne es sodann einigemale ab; es versteht sich, daß man die gehörige Vorsicht dabei beobachtet, das Feuer nicht auf einmal zu stark werden läßt, und hübsch oft zusieht, daß das Oel nicht steigt. Nach diesem Abbrennen befestige ich die Blase nach Ihrer Art, ohne sie zu verkleben, und bin so lange ruhig dabei, bis der Dampf durch die Deckel her-

hervorbringt; weil alsdann das Oel in der Blase gestiegen ist, so lege ich an den Hals derselben feuchte Tücher, wodurch es sich dann wieder zu setzen pflegt. Dies hilft aber nicht mehr, wenn es stärker an zu dampfen fängt, oder Strahlen von Dampf heraus bläset, dann ist es Zeit die Blase abzunehmen. — Die Zwiebeln sollen beim Abfröschen dazu beitragen, durch ihre Feuchtigkeit das Oel durch einander brausen zu machen, und so seine Unreinigkeiten hervor zu bringen. Das Mittel ist aber etwas zu stark; man läuft Gefahr, zumal wenn das Oel nicht rein und nicht alt ist, es schon beim Abfröschen zu verlieren.

Anhang.

Von dem in den Druckereien üblichen Postulate.

Wenn ein Buchdruckerlehrling seiner Lehre entlassen ist: so heißt er ein Cornut oder Cornelius, und ist als solcher ein Mittelding zwischen einem Gesellen und einem Lehrburschen. Dies bleibt er so lange, als es ihm gefällt, oder so lange, als er nicht eine gewisse Summe Geldes erlegt und sich dafür zu einem Gesellen erklären läßt. Sein Verdienst ist übrigens nach seinen Fähigkeiten derselbe, wie der eines Gesellen von gleichen Fähigkeiten, nur muß er davon an die Gesellen wöchentlich einige Groschen Cornutengeld abgeben, und ist von allen in den Druckereien vorfallenden Vortheilen ausgeschlossen. Wenn der Cornut seinen Stand mit dem Gesellenstande verwechseln (postuliren) will: so zeigt er dies dem Principal und der Gesellschaft der Druckerei, in welcher er arbeitet, an, und erlegt, wenn diese nichts dagegen einwenden, die ihm bestimmte Summe; die Gesellschaft bestimmt ihm

ihm alsdann den Tag, an welchem das Postulat (oder Deposition) vor sich gehen soll und wählt unter sich die zum Postulate erforderlichen Beamten, als: einen Depositor, einen Gehülfen des Depositors, einen Lehrmeister, zwei Zeugen, und, wenn der Principal es nicht über sich nimmt, einen Vorredner. An dem bestimmten Tage versammelt sich die Gesellschaft und nimmt den Postulanten zu einem Mitgliede auf, wobei verschiedene Reden von den Beamten gehalten werden, die ich hier, so wie sie in meiner Druckerei gehalten worden sind, folgen lasse.

Vorher erlaube man mir aber, eines Vorschlags zu erwähnen, nach welchem das Postulat ein Mittel werden könnte, das Streben nach Geschicklichkeit bei allen Lehrlingen und Cornuten zu bewirken. Ich las ihn vor einiger Zeit in einem Buche: Briefe aus Wien, über den Zustand der Literatur und des Buchhandels in Oesterreich. Wien 1788. S. 16. und schalte ihn hier ein:

„Wenn die Kunstglieder des gesammten heil.
„R. R. unter einen Hut zu bringen wären,
„so schlüg' ich ihnen vor, keinen zu postuli-
„ren, wenn er nicht zuvor geprüft, ob er sei-
„ne Kunst auch gründlich verstehe — der bewährt
„befunden würde, sollte dann um ein sehr gerin-
„ges etwa höchstens um 10 Fl. und der nicht be-
„währt befunden würde, nicht um 1000 Fl.
„po-

„postulirt werden. Jeder, der seine Lernjahre
„überstanden, sollte als Cornutus angesehen wer-
„den. Der für jede Messe zu entrichtende Duka-
„ten für Cornutengeld sollt' ganz unterbleiben.
„Wer Ehre im Leibe hat, wird sich gewiß bestre-
„ben, bewährt befunden zu werden; 10 Fl. ma-
„chen ihn dann nicht mehr mißmüthig, denn die
„sind leichter herbei zu schaffen, als itzt 50 bis
„70 Fl. Und da er, um postulirt zu werden,
„durchaus seine Kunst verstehen muß, so würde
„jeder Herr, weil er ihn brauchen kann, die Klei-
„nigkeit gerne herschießen, im Falle ein solcher
„Mensch durch Krankheit oder andre Unglücksfälle
„diese paar Gulden nicht beihanden hätte — daß ein
„Cornutus von Ein- und Ausschreibgebühren und
„sonstigen Vortheilen ausgeschlossen bleibt, ist bil-
„lig, denn etwas muß der Geselle voraushaben. —"

Würde dieser Vorschlag allgemein angenommen; so würde es der schlechten Arbeiter bald
weniger geben, und man könnte bei dem Ein-
tritt eines Subjects in die Druckerei, wenn man
es als einen Gesellen erkennt, auch gleich wissen, daß
es ein geschickter Arbeiter sey. Es könnten freilich
auch Hintergehungen Statt finden, und durch Be-
stechungen oder durch vieles Bitten eine Gesellschaft bewogen werden, einen Menschen zu postuliren, der als ein guter Arbeiter nicht bewährt befunden wäre; allein dieser Fall würde doch selten
ein-

eintreten; denn da auf Verlangen einer Gesellschaft Jeder die Namen derjenigen nennen muß, die ihn zu einem Gesellen gemacht haben: so würden sich diejenigen, welche so widerrechtlich gehandelt hätten, Schimpf und Schande zuziehn. Allenfalls könnte man solchen Hintergehungen auch dadurch begegnen, wenn man festsetzte, daß jeder Postulirte von der Gesellschaft, die ihn postulirt hat, ein förmlich ausgefertigtes Attestat vorzeigen müßte,*) in welchem sie dessen Geschicklichkeit bezeugte.

*) Bekanntlich wird unsern fremden Kunstverwandten weder über ihre Aufführung, noch über ihre Fähigkeiten etwas Schriftliches abgefordert, und es kann Taugenichtse geben, die an einem Orte alle Bosheiten ausgeübt haben, ohne daß man es an einem andern, wo sie wieder in Arbeit treten, auch nur vermuthet; sie arbeiten an jedem Orte so lange, bis sie ihr Sündenmaaß wieder voll gemacht haben, und gehen dann gewöhnlich heimlich weiter. Dies würden sie aber nicht wagen können, wenn sie überall, wo sie hinkämen, Atteste von ihrer Aufführung vorzeigen müßten und ohne dieselben nirgends in Arbeit genommen würden. Jeder Buchdruckerherr sollte daher die gute Sache befördern helfen und kein Subject ohne Attestat annehmen und verabschieden. Ich meines Theils erkläre, daß ich von Ostern 1793 an, dieses treu befolgen, und keinen ohne Attestat annehmen oder verabschieden werde; sollte nach dieser Zeit Einer oder der Andere aus meiner Condition kommen und von mir kein Attestat aufweisen können: so ist er gewiß als ein Betrüger weggegangen.

Jete. Dieses Attestat würde dann jedesmal beim Antritt einer neuen Condition dem Principal zur Aufbewahrung eingehändigt, und von diesem dem Kunstgliede, wenn es die Condition wieder verläßt, mit der dazu geschriebenen Anzeige wieder gegeben, daß die Wahrheit des Attestats bestätigt oder nicht bestätigt gefunden sey. Wollte nun auch der Erste oder der Zweite gegen die Wahrheit attestiren: so würde dies doch der Dritte oder Vierte nicht thun und also die gewissenlose Handlung der erstern zu ihrer Schande früh genug entdeckt werden.

Jedem meiner Ausgelernten werde ich ein Zeugniß zustellen, wie er sich in seiner Lehre aufgeführt und was er gelernt habe; die bereits außerhalb sind, sollen es zugesandt erhalten.

Reden

bei

der Aufnahme eines Mitgliedes

in

die Buchdruckergesellschaft.

Vorredner.

Hochgeehrte, kunsterfahrne Herren!

Wir sind hier versammelt, einen Beflissenen unserer Kunst, zum wirklichen Mitgliede derselben aufzunehmen, und Ihm die damit verbundenen Vorrechte vor seinem bisherigen Stande zu ertheilen: Es sey mir daher vergönnt, zu diesem, in unsre Gesellschaft aufzunehmenden jungen Freunde erst ein paar Worte über die Absicht und den eigentlichen Zweck des Postulats reden zu können; ihn aber zugleich auch auf die Vorzüge der Kunst, welcher er sich gewidmet hat, aufmerksam zu machen. —

Es ist wol keinem Zweifel unterworfen, daß die großen Veränderungen, die die Welt seit einigen Jahrhunderten, in Ansehung einer weiter und allgemeiner ausgebreitetern Gelehrsamkeit, in Ansehung eines verfeinertern Geschmacks und geläuterten Kenntnisse, erfahren hat, mittelbar durch die Buchdruckerkunst hervorgebracht sind. Man darf nur einen flüchtigen Blick

in

in die Zeiten der Vorwelt werfen, man darf nur itzt um sich her blicken, um entscheiden zu können, wie sehr wir seit der Entstehung dieser Kunst, und was wir durch sie gewonnen haben. Dort sehe ich noch so manches öde und ganz unbebaute Feld der Wissenschaften und Künste, das hier schon die herrlichsten Früchte trägt. Dort sehe ich nur Italien und höchstens einige Gegenden im Orient, Länder, die unter einem günstigern Himmelsstriche lagen, wo ein milderes Klima die Sinne ihrer Bewohner empfänglicher und fühlbarer machte, im glücklichen Besitze gelehrter und wissenschaftlicher Kenntnisse; hier sehe ich sie beinahe über alle Gegenden der Erde, vom rauhen Norden bis in beide Indien, verbreitet; hier sehe ich neben ihnen noch Milderung der Sitten und Verfeinerung des menschlichen Gefühls immer weiter sich ausdehnen; und nur noch ein oder ein paar Jahrhunderte weiter, so ist der Irokese und Hurone vielleicht eben so klug, eben so gesittet als wir.

Welche segensvolle Wirkungen hat diese Kunst nicht in Absicht auf Religion und eine deutlichere und geläutertere Erkenntniß ihrer Wahrheiten hervorgebracht! Wie viel hat die Wahrheit überhaupt durch sie gewonnen, da sie, nach einer über derselben fast allgemein verbreitet gelegenen Finsterniß, die Fackel wieder anzündete, deren wohlthätiges Licht Aberglauben und Mönchswahn von ihr unterscheiden lehrte? Wie wichtig war ihr Beistand, den sie den Reformatoren bei ihren grossen und kühnen Unternehmen leistete, da nur sie die Schriften eines Melanchthons und Luthers so geschwind verbreiten, und nur sie des letztern erste deutsche Uebersetzung der Bibel nicht lange nach einander zu Hunderttausenden in die Provinzen Deutschlands ausstreuen konnte?

M   Ich

Ich übergehe hier die nicht minder wichtigen Vortheile, welche die weltliche Gelehrsamkeit durch sie erhielt, da sie die beinahe nur allein noch in den Klöstern verborgenen Schätze des Alterthums wieder ans Licht brachte, und durch ihre Vervielfältigung sie gemeinnütziger werden ließ.

Aus dieser kurzen Schilderung der Vortheile, die die Buchdruckerkunst für die Welt gestiftet hat, werden Sie nun auch leicht die Vorzüge abmessen können, welche sie vor so vielen andern Künsten hat, und meine Absicht dabei war, in Ihnen, die Sie itzt in die Zahl ihrer Mitglieder aufgenommen werden sollen, einen Eifer zu erwecken, Ihr ganzes künftiges Verhalten den Vorzügen dieser Kunst gemäß einzurichten, und, da Sie demnach ein so nützliches Glied in der Reihe der menschlichen Gesellschaft werden können, Sie auch zur treuen Erfüllung aller der Pflichten zu ermuntern, die sie Ihnen auflegt. — Eben dies war auch die Absicht, wozu unsere Vorfahren das Postulat einführten und es zu einem unserer wesentlichsten Kunstgebräuche machten.

Schon lange vor Erfindung unserer Kunst, hatte man auf hohen Schulen und Universitäten die Gewohnheit eingeführt, daß man die neuen Ankömmlinge von den niedern Schulen, durch mancherlei sinnliche Handlungen, die man mit ihnen vornahm, von den verschiedenen Fehlern und Thorheiten zu entwöhnen suchte, zu denen junge Leute so leicht geneigt sind, wenn sie aus der nähern Aufsicht ihrer Lehrer und Erzieher in ein freieres Feld kommen.

Bei der damaligen herrschenden Rauhigkeit und noch sehr geringen Cultur der Sitten, würde man aber sehr wenig ausgerichtet haben, wenn man dies durch trockene Lehren und Sittensprüche hätte bewirken wol-

wollen, und man stellte daher solche jugendliche Fehler und Thorheiten unter sinnlichen Bildern vor, von denen man hoffte, daß sie einen stärkern Eindruck auf die Herzen junger Leute machen, und einen um so lebhaftern Widerwillen gegen sie erwecken würden. Allein, wie es sehr oft zu geschehen pflegt, daß bei den besten Absichten dennoch der Zweck nicht erreicht wird, so war auch dies hier der Fall! Denn anstatt, daß die ältern Studirenden, welche die Deposition bei den Ankömmlingen verrichteten, durch ihr Ansehen und gutes Beispiel, diese von den Thorheiten und Fehlern, zu denen ungewohnte Freiheit und Zügellosigkeit verleitet, hätten abhalten sollen, so war ihnen selbst noch eine wüste und ausschweifende Lebensart viel zu angenehm, als daß sie selbst dieselbe hätten fahren lassen sollen, und durch ihr Beispiel munterten sie jene noch dazu auf.

Da die Buchdruckerkunst von ihrem ersten Ursprunge an in der nächsten Verbindung mit Gelehrsamkeit und Wissenschaften und ihren Lehrern und Schülern stand: so kam dieser Gebrauch der Deposition von ihnen auch zu uns, sobald sich unsre Kunst und ihre Mitglieder auszubreiten anfingen. Aber, leider! hatte sie hier eben sowol keine bessere Wirkung, und es gereicht oft noch itzt unserer Kunst zu einem nicht geringen Vorwurfe, daß es immer Glieder derselben gegeben hat, die sich durch Ausschweifungen aller Art und eine rohe Lebensart besonders ausgezeichnet haben. — Allein um so mehr haben wir Ursach uns zu freuen, da, bei der allgemeinen Aufklärung und Verbesserung der Sitten unserer Zeiten, auch die Mitglieder unsrer Kunst immer mehr Geschmack an einer sittlichen Lebensart und an den daran geknüpften Vorzügen finden. — Wir können daher auch itzt um so eher jener sinnlichen Handlungen, wodurch unsre neuaufzunehmenden Mitglieder zur Ablegung ihrer Fehler und thörigten Gewohnheiten angemahnt wurden, entübrigt seyn, jemehr itzt schon bei der frühern Jugend dem Hange darnach entgegen gearbeitet und Befleißigung guter Sitten und geselliger Tugenden dem Herzen unserer Zöglinge immer näher gebracht wird. Um Ihnen, mein Freund, aber doch einen Abriß von jenen sinnlichen Vorstellungen und ihrer Bedeutung zu geben, wird es nicht undienlich seyn, wenn ich Sie jetzt etwas näher damit bekannt mache.

Das vorzüglichste Bild, unter welchem unsre Vorfahren die jugendlichen Thorheiten vorstellten, war ein Huth, an dem man mancherlei wunderliche Zierrathen befestigt hatte, hauptsächlich aber zierten ihn ein paar Bockshörner und ein mit Schellen besetzter Fuchsschwanz. Diesen Huth mußten ehmals die Postulanten schon einige Wochen vorher eine oder ein paar Stunden des Tages zur Anerinnerung an die Entwöhnung von ihren Unarten, zum Zeichen ihrer Unterwürfigkeit, auch wol zur Kurzweile, aufsetzen. Durch die Bockshörner wurden die Widerspenstigkeit und Unfolgsamkeit, oder die schlechte Aufnahme und Befolgung der Ermahnungen ihrer Vorgesetzten, so wie auch die mancherlei Lüste und Begierden, und durch den Fuchsschwanz die List, die sie anwandten, ihre Absichten zu erreichen, vorgestellt; auch mogte man wol die Lehre damit verknüpfen wollen, daß man sich nie durch Versetzung und Verläumdung Anderer bei seinem Principal oder sonst Jemand in Gunst zu setzen suchen müsse. Durch die am Fuchsschwanz hängenden Schellen zeigte man die Ruhmsucht und die eingebildeten Vorzüge an, mit denen junge Leute sich selbst oft ein Ansehen zu geben glauben. Man nahm auch mancherlei Handlungen mit dem Postulanten vor, die alle den obengenannten Zweck hatten; man beseilte ihnen die Finger, man legte sie auf eine

eine Bank und behauete sie gleichsam; man legte ihnen Würfeln und Karten vor, und schlug sie dann auf die Finger, wenn sie sie ergreifen wollten, um ihnen dadurch die Lehre zu geben, daß sie sich künftig einer gesitteten Lebensart befleißigen und alle dergleichen Spiele, die Verlust des Geldes und oft noch größere Verdrießlichkeiten nach sich ziehen, meiden sollten. Zuletzt warf ihnen denn der Depositor mit einem Beile den Huth vom Kopfe und gab ihnen einen Backenstreich, wodurch er ihnen zu verstehen gab, daß sie nun von ihrer bisherigen Unterwürfigkeit und den damit verbundenen Bestrafungen befreiet wären.

Ich habe schon die Gründe gesagt, aus welchen ebengenannte Handlungen geschahen, und warum man sie itzt beinahe durchgehends abgeschafft hat; ich glaube kaum, daß es noch einer besondern Empfehlung bedürfe, die Sie zu einer gesitteten, wohlgeordneten Lebensart für Ihre künftigen Jahre ermuntern sollte, da Sie die guten Folgen davon sehr leicht selbst einsehen werden. Allein, da sich, auch unter unsern Kunstverwandten, hie und da immer noch einige finden, die, durch irrige Vorurtheile geblendet, in einer gegenseitigen Lebensart Ruhm suchen, und sich ein gewisses Ansehen damit zu geben glauben, wenn sie gerade das Gegentheil von dem thun, was man von ihnen erwartet; da es sich leicht fügen kann, daß Sie in der Folge mit Einem oder mehrern von dieser Art in nähere Verbindung kommen: so empfehle ichs Ihnen hiemit vorzüglich auf Ihrer Hut zu seyn, und Sich von einem solchen Beispiele nicht zur Nachahmung überreden zu lassen.

Hiernächst muß Ihnen auch noch besonders die Ehre der Kunst, der Sie sich gewidmet haben, am Herzen liegen; eigene Erfahrung wird Sie überzeugen, daß es in der That zu Ihrem großen Vortheile gereicht, wenn Ihnen diese nicht gleichgültig ist Sie müssen nie ermüden, sich in derselben, so viel sich nur Gelegenheit darzu darbietet, immer mehr zu vervollkommnen. Die Lehrjahre und übrige Zeit, die Sie nunmehr bei derselben zugebracht haben, sind noch nicht hinreichend gewesen, Sie mit dem ganzen Umfange derselben bekannt zu machen, und Sie werden in der Folge noch manche Schwierigkeit in Ausübung derselben zu überwinden haben. Bemühen Sie sich nur immer, die Pflichten Ihres Berufs treu zu erfüllen: so wird es Ihnen auch immer wohl gehen; denn noch selten ist Fleiß und Geschicklichkeit unbelohnt geblieben.

Ich habe nun nichts weiter hinzuzufügen, als die Bitte an Sie, meine Herren, das vorhabende Geschäft nunmehr an ihm zu vollziehen.

(Nun übergiebt des Depositors Gehülfe den Aufzunehmenden dem Depositor.)

Hier ist derjenige, um dessen Aufnahme willen, wir jetzt zusammen gekommen sind. Da er sich, bereits verschiedene Jahre durch, unsere Kunst bekannt gemacht, und Eifer bezeigt hat, unter gehöriger Anführung die Kenntnisse zu erlangen, welche zu einer nützlichen Ausübung derselben, bei einer verschiedenen Anwendung nöthig sind: so zweifle ich nicht, daß er die Eigenschaften besitze, welche erfordert werden, ein würdiges Glied unserer Gesellschaft abzugeben. Nehmen Sie solchen daher von mir an, und lassen Sie ihn von der nöthigen Vorsichtigkeit in seinem künftigen Stande gehörig unterrichten, damit er die Pflichten kennen lerne, die er zu beobachten hat, wenn er der Welt Nutzen, unserer Kunst Ehre, und uns selbst ein

ein zufriedenes Andenken an diese seine Aufnahme befördern will.

Depositor.

Werthester Freund!

Sie sind es also, der sich der Buchdruckerkunst zu widmen gesucht, und nun eine nähere Vereinigung mit uns verlangt, und sich als ein würdiges Mitglied derselben mit mehrerem Eifer solche zu betreiben bemühen wollen?

(Der Aufzunehmende sagt Ja!)

Dies muß uns um so viel angenehmer seyn, da wir sehen, daß die Liebe zu unserer Kunst, durch eine Reihe von Jahren, die Sie zur Erlernung derselben aufgewendet haben, bei Ihnen sich bisher erhalten, daß auch die damit verbundene Dienstbarkeit sie Ihnen nicht zuwider gemacht hat.

Und was kann einer Gesellschaft überhaupt wol angenehmers begegnen, als zu sehen, daß ihre Anzahl sich auf eine zufriedene Art vermehret, ihre Dauer erhalten, und ihrem Untergange vorgebeuget wird. So angenehm aber auch dieses einer jeden Gesellschaft ist, sie mag für die Welt mehr oder weniger nothwendig seyn, um so viel erfreulicher muß es für eine solche seyn, deren Nützlichkeit bekannt ist, und die sich bei der vernünftigen Welt, Liebe und Achtung zu erwerben das Glück gehabt hat. Ich glaube, daß wir, und die Kunst, welcher wir angehören, uns dieses Glücks vor vielen andern rühmen können, und unsre Freude über die Vermehrung unserer Gesellschaft muß daher desto lebhafter seyn, da es zugleich allemal ein neuer Beweis der Achtung ist, in welcher unsre Kunst steht.

Ih

Ich will daher dieses Vergnügen nicht länger aufschieben, sondern entledige Sie hiedurch — der bisherigen Unterwürfigkeit, zu welcher die Lehrlinge und Ausgelernte angewiesen sind; und setze Sie dadurch gleichsam in Freiheit, sich künftig selbst und Ihrer eigenen Leitung, durch Anwendung der Tugend, zu überlassen; nachdem ich Ihnen selbige, ihrem ganzen Umfange nach, auszuüben, recht dringend empfehle.

Treten Sie, Herr Lehrmeister, nun näher heran, und machen Sie durch Ihren Unterricht und Ermahnung, diesen Freund, den ich Ihnen hiemit übergebe, zu seinem künftigen Ehrenstande geschickter, und vollenden Sie zuletzt, in Gegenwart der hierzu besonders erbetenen Zeugen, diese ehrenvolle Handlung, welche zu unserer Versammlung die Gelegenheit gegeben hat.

Lehrmeister.

Werthester Freund!

Ich nehme mit vielem Vergnügen den Auftrag an, welchen mir gegenwärtige Glieder unserer Kunst gethan haben. Die Ursachen der Achtung, und die Vorzüge der Buchdruckerkunst, nicht weniger die bisher gewöhnlichen Gebräuche bei der Aufnahme neuer Mitglieder, sind Ihnen bereits bekannt gemacht und erkläret worden. Ich will Ihnen deswegen nur noch in der Kürze die besondern Pflichten näher legen, zu welchen Sie Ihr neuer Stand, den Sie heute antreten, vor andern und hauptsächlich verbindet.

Die erste und vornehmste derselben ist: die wahre Gottesfurcht. Sie sey Ihnen stets der Grund und die einzige Richtschnur Ihres ganzen Verhaltens und Lebens.

Was Sie wollen, daß Ihnen Andere thun sollen, das thun Sie ihnen auch.

Die

Die Ehre und die Aufnahme der edeln Buchdrukkerkunst sey Ihr beständiges Augenmerk.

Um deswillen befleißigen Sie sich täglich in der Erkenntniß und Wissenschaft dieser Kunst zuzunehmen, und glauben nicht, daß Sie es in Ihrem Wissen schon so hoch gebracht haben, daß Sie nichts mehr bedürfen.

Jedes Gute, welches Sie gelernet und erkannt haben, bestreben Sie Sich mit Treue und Aufrichtigkeit thätig zu beweisen und auszuüben.

Glauben Sie nicht, daß Sie Ihre Kunst, nur allein darum gelernet haben, um damit Ihr Brod zu verdienen; auch dazu sind Sie darin unterrichtet worden, daß Sie Gott und dem gemeinen Wesen damit dienen sollen.

Wenn Sie Sich, mit dem Gedanken, hiezu bestimmt zu seyn, bei Ihrer Arbeit beschäftigen, dann wird die höhere Vorsehung durch Vermittelung guter Menschen es Ihnen nie an so viel Gutem fehlen lassen, daß Sie Sich auf eine anständige und hinreichende Weise nähren können.

Ihr Umgang mit Andern sey — gegen Obere ehrerbietig, gegen Ihres Gleichen freundlich und verträglich und gegen Geringere leutselig.

Vergessen Sie nicht gegen Ihre Wohlthäter dankbar zu seyn; denn durch aufrichtigen Dank wird jeder Wohlthäter gleichsam zu neuen Wohlthaten angefeuert.

Weil Sie nunmehr ein Verwandter und Mitglied einer edeln Kunst sind, so zeigen Sie auch in Ihrer Aufführung, daß Sie von dem Pöbel unterschieden sind.

Diesen löblichen Zweck zu erhalten, befleißigen Sie Sich im Ernst der Tugend, und meiden die Laster.

Grobheit und ungezogenes Wesen sucht niemand bei einem vernünftigen Menschen, geschweige bei einem Kunstgenossen.

Aufbrausendes, hitziges und trotziges Wesen lassen Sie Sich nie zu Schulden kommen, es streitet wider die Vernunft, die beste Sache kann dadurch böse gemacht werden, und bei kaltblütiger Ueberlegung verursacht es nur Schamröthe und Reue, so gehandelt zu haben.

Eigennutz ist ein Laster, das niemandem mehr schadet, als seinem eigenen Herrn, auch selbst dann, wenn er glaubt seinen Nutzen dadurch zu stiften.

Eigensinn verräth die Einfalt dessen, der solchen von sich blicken lässet.

Freundlichkeit, Bescheidenheit und Demuth, sind Tugenden, die einem Kunstverwandten nicht nur wohl anstehen, sondern ihn auch überall und bei Allen beliebt machen.

Eitele Einbildung von sich selbst und eigner Geschicklichkeit, ist keine Tugend, sondern eine Thorheit, die ihres Anhängers Schwäche verräth.

So lange Sie einem Herrn dienen müssen, so seyn Sie versichert, Sie werden Ihr wahres Interesse nicht anders befördern können, als wenn Sie Ihres Herrn Interesse befördern.

Halten Sie es daher für eine Unart, wenn Gesellen durch ihre Arbeit den Herrn nicht reich machen wollen; sie schaden sich dadurch am meisten und entziehen sich das Wohlwollen jedes guten Menschen.

Bringet Gott Sie in den Herrnstand, so vergessen Sie nicht, wer Sie gewesen sind, und lassen Sich die Aufnahme der Kunst eben so gut als Ihren eigenen Nutzen, angelegen seyn.

Sind

Sind Sie gewillet, diese Pflichten in Ausübung zu bringen; so sagen Sie Ja, und versichern uns solches durch einen Handschlag.

(Der Aufzunehmende giebt einem Jeden die Hand.)

Wir alle hoffen dieses um so viel mehr von Ihnen, da wir nicht zweifeln dürfen, daß Sie von der Wahrheit dessen, was ich gesagt, überzeugt sind, und Sie die Kunst selbst hochschätzen und lieben, und ich will deswegen nicht länger anstehen, die Aufnahme in unsern Orden an Ihnen zu vollziehen.

Vorher aber fodere ich Sie, werthe Freunde, welche die Gewogenheit gehabt haben, sich als besondere Zeugen dieses meines jetzigen vorzunehmenden Geschäftes erwählen zu lassen, mir die Versicherung öffentlich zu geben, daß Sie jederzeit, wenn es von Ihnen verlangt wird, Ihr redliches Zeugniß von der Rechtschaffenheit gegenwärtiger Handlung, gegen jedermann abzulegen nicht entstehen wollen.

(Die Zeugen sagen zusammen, oder Einer in Aller Namen:)

Dies Zeugniß, werden wir nicht allein mit allem Vergnügen, sondern auch aus Pflicht jederzeit zu geben willig seyn.

(Hierauf wird der Kranz aufgesetzt.)

Ich setze Ihnen demnach das Zeichen Ihrer nun völlig erlangten Freiheit und Ehre auf, und erkläre Sie im Namen der ganzen Buchdruckergesellschaft zu einem würdigen Mitgliede unserer Kunst; empfangen Sie zugleich ein Andenken, dabei Sie sich dieser Aufnahme allezeit erinnern mögen.

(Der Denkspruch wird abgegeben.)

Wir wünschen Ihnen sämmtlich hiezu viel Glück; seyn Sie künftig ein nützliches Glied der menschlichen Ge-

sellschaft, ein williger und glücklicher Diener und Be‹
förderer der Wissenschaften, eine Zierde unserer Kunst,
die Freude redlicher Kunstverwandten, und so unser
aufrichtiger Freund, als wir die Ihrigen sind.

(Der neue Geselle an die Gesellschaft.)

Hochgeehrteste Herren!

Ich danke Ihnen allerseits für die gefällige Auf‹
nahme in Ihre Gesellschaft, und Ihnen besonders, die
Sie eine persönliche Bemühung dabei, zur Erfüllung
meiner Wünsche, gehabt haben. Ich werde mich
bemühen durch mein künftiges Betragen zu beweisen,
daß die guten Lehren und Anweisungen, welche Sie
mir dabei gegeben, Wurzel gefaßt, und Sie daher
nichts anders von mir zu erwarten haben, als was zur
Beförderung und zur Ehre unserer Kunst, und der
Gesellschaft, unter welche ich aufgenommen zu werden,
heute die Ehre gehabt habe, gereichen wird. Ihnen
aber, werthgeschätzte und geehrteste Anwesende,
bin ich sehr verbunden, daß Sie durch Ihre schätzba‹
re Gegenwart uns beehren, und diese Handlung da‹
durch noch ansehnlicher machen wollen; wir empfehlen
uns Alle und unsere Kunst zu Dero beständigem Wohl‹
wollen.